新潮新書

鈴置高史
*SUZUOKI Takabumi*

# 韓国民主政治の自壊

JN042453

953

新潮社

# はじめに――混沌の李朝末期が再現する

この本の目的は韓国の民主政治が壊れ始めたと日本人に知らせることにある。韓国はもちろん、朝鮮半島全体が不安定になるのは間違いない。当然、中国とロシアはこれにつけ込むだろう。日清・日露戦争につながった李氏朝鮮末期の再現だ。日本が備えるべき国際環境の激変は、中国の拡張主義と北朝鮮の核武装だけではないのだ。

1987年6月の直接選挙制への移行宣言の後、韓国は独裁から民主国家へと生まれ変わるかに見えた。だが、左右対立が激化した結果、根付きかけた民主政治の仕組みが一気に崩れた。前任者2人を刑務所に送った文在寅（ムン・ジェイン）大統領が次の政権下で自分が監獄送りになるのを防ぐために壊したのである。

2021年1月、裁判官や検事を専ら捜査する高位公職者犯罪捜査処（公捜処）を発足、トップや検事を左派で固めた。退任直前には保守の牙城、検察から汚職と経済事件をのぞき捜査権をとりあげ、念を入れた。

2021年には「誤報」を理由に言論機関に巨額の罰金を科し得る「メディア懲罰法」も国会の委員会を通過した。国際社会の反対もあり本会議への上程は見送られたが、いつ復活するかは分からない。2022年5月、同法に反対した「国民の力」の尹錫悦（ユン・ソンニョル）政権が誕生した。だが、世論裁判が横行する以上、誰が大統領になろうと引退後のわが身を守るには言論統制が必須である。

驚くべきは民主政治を破壊する公捜処とメディア懲罰法に国民がさほど反対しなかったことだ。1987年の民主化闘争はいったい何だったのだろうか。民主政治への希求ではなく、強権的な政権への反発に過ぎなかったと考えざるを得ない。

これらを詳述した第2章の見出しを「あっという間にベネズエラ」としたのは、南米随一の豊かな国で民主国家と見なされていたのに、左右対立による混乱によって疲弊し、大量の難民を送り出すに至ったベネズエラの転落開始時に韓国が似てきたからである。

第3章「そして、友達がいなくなった」では孤立を深める韓国外交を描いたうえ、民主政治の崩壊が外交に及ぼす影響を考えた。米ソ冷戦時代の末期、韓国が民主化したのは自由と民主主義を掲げる西側に属していたからである。

今後、同盟は破棄せずとも米国から離れ中国側に身を寄せるようになれば、韓国人が自由と民主主義を守る動機は減るであろう。一方、韓国がまともな自由民主主義国家でないと判断すれば、米国も同盟を維持する意欲を減じるであろう。実際、米国では「人権状況を見るに、韓国は我々の側なのか」との疑いが頭をもたげている。

米中の間で中立の立場をとっても、内政では自由と民主主義を維持する道もある。実際、フィンランドは冷戦期にソ連の衛星国と揶揄されながらも民主政治を守った。韓国には「米中板挟みから脱するためにフィンランドを目指せ」と主張する人もいる。

ただ、それには巨大な隣国の圧迫に対抗する覚悟が必要である。だが、韓国人の心には「対抗」どころか、中国の属国だった時の「安定した過去への憧憬」が潜む。さらなる奥底には、いつまでたっても自分を元・植民地として扱う西洋への憤懣も燻ぶる。

その思いが噴出したのが新型コロナで欧米が苦しんだ時だった。韓国人は「西洋の没落」に小躍りし、米国から中国への覇権の移動を夢見たのである。ソ連の干渉をはねのけ、西洋的な価値観を守りきったフィンランドに韓国がなるのは容易ではない。人も国家も苦境に直面した時に本質を現す。第1章はコロナが暴いた韓国の素顔を写した。

登場する人物の肩書は原則、当時のものだ。引用した資料中、［ ］は鈴置が補った部分である。

韓国民主政治の自壊——目次

はじめに――混沌の李朝末期が再現する　3

**第1章　コロナが暴いた韓国の素顔　11**
1「西洋の没落」に小躍り
2 宗教に昇華した「K防疫」
3 絶望的な劣等感が生む「から威張り」

**第2章　あっという間にベネズエラ　63**
1 三権分立の崩壊が生んだ尹錫悦大統領
2 永久執権目指し「ゲシュタポ」設立
3「メディア懲罰法」で言論の自由も放擲
4 法治なければ民主なし
5「チャベス」はこれからも出てくる

**第3章　そして、友達がいなくなった**　147
1　猿芝居外交のあげく四面楚歌
2「慰安婦を言い続けるなら見捨てる」と叱った米国
3「韓国は人権無視国家」と米国が認定

**第4章　韓国はどこへ行くのか**　209
1「レミング」が呼ぶ李朝への先祖返り
2　保守も左派も核武装に走る
3　ついに縮み始めた韓国経済

おわりに――韓国にも『三四郎』はあるのだが　263

# 第1章

# コロナが暴いた韓国の素顔

「K防疫」の成功を誇ったのも束の間、
世界最悪レベルの新規感染者数に
(開設されたばかりのソウルのドライブスルー方式の検査場。
2020年3月11日)

写真:Penta Press/アフロ

## 1　「西洋の没落」に小躍り

「西洋は終わった。東洋の時代が始まる」と韓国人が歓声を上げた。新型コロナウイルスの流行を契機に東西の「支配関係」が逆転すると考えたのだ。韓国人の心の奥底に棲む願望を期せずしてコロナが暴いた。

### 防疫で東洋が優越

新型コロナが中国から欧米に拡散した2020年春、「西洋が世界をリードする時代は終焉した」と主張する記事が韓国各紙に載った。根拠は「西洋は新型コロナによる肺炎を抑え込むのに失敗したが、東洋は社会の強みを生かして乗り切った」だった。

いち早く指摘したのは朝鮮日報の趙儀俊（チョ・ウィジュン）ワシントン特派員だ。3月30日に載せた「『西洋』ブランドの没落、その後」（韓国語版）である。ポイントを訳す。

・「世界の」メディアと専門家はまず、「西洋（Western）」というブランドの没落を予想した。明らかにウイルスは中国から発したが、壊滅的な打撃を受けた場所はイタリアをはじめとする欧州だった。欧州連合（EU）の共同繁栄という高尚な目標はコロナの前で、互いに国境を閉じ、まともに闘うこともできずに崩れ落ちた。

・世界最強国たる米国は中国を上回る感染者を出し、初期対応に完全に失敗した。民主主義と資本主義に代表される「西洋」勢力が全世界的な危機に適切には対応できないことを見せつけた。

・もちろん、これが共産独裁社会である中国の体制優位を意味するわけではない。しかし、コロナへの対処で相対的に成功する成果をあげた韓国、シンガポール、台湾などを含む「東洋」式の社会・経済システムの強みを改めて知らしめるきっかけになったのは確実だ。

### 儒教文化の優秀さに注目

趙儀俊特派員は「西洋イメージの凋落と東洋への高い評価」を強調した。ただ、筆はそこで止めた。さらに踏み込んだのが、中央日報のコ・デフン首席論説委員だ。「西洋優越主義の終焉？」（4月3日、日本語版）で「米欧の覇権が揺らぐ」と主張したのである。以下が前文だ。

・新型コロナウイルス感染症は挑発する。米国と欧州の西洋優越主義の神話に疑問を投げかける。「グローバルリーダーの米国」「先進国の欧州」という固定観念を拒んでいる。国際秩序を主導してきた大西洋同盟を揺るがす。

・19世紀の植民地主義、20世紀の第1次・第2次世界大戦を経て、ソ連解体と冷戦終結、米国の独走まで200年の長い歳月、世界に号令をかけていた西洋の覇権を脅かす。飛行機に乗ったウイルスにもろくも翻弄される自らの実体と墜落に西欧は慌てている。

コ・デフン首席論説委員が「西洋の覇権が崩れる」理由にあげたのは①ウイルスとの戦いにおいて、米政府が内外で指導力を発揮できなかった、②独・英・仏・伊なども防疫に失敗し、先進国の虚像がはがれた、③韓国・中国・シンガポール、台湾の防疫が世界で注目され、個人よりも社会と国家を優先する東洋の価値、序列と絆を重視する儒教文化の良さが評価された、④西洋優先主義の源泉は富と力だったが、中日韓のＧＤＰ

の合計は米国と同等になった――の4点である。

### にじみ出た「西洋への怨念」

中央日報のコラムニスト、裴明福（ペ・ミョンボク）氏の「コロナ事態であぶり出された西側先進国の素顔」（4月9日、日本語版）は「防疫で苦闘する西洋」を冷ややかに見ただけではなかった。「東洋を馬鹿にしてきた西洋」への怨念ものぞかせた。

・「西洋の安易な初期対応の」根底には中国やアジアに対する偏見がある。文化的優越意識から始まったオリエンタリズムでもある。コロナウイルスが伝播する人獣共通感染病は、中国や東南アジアのように「奇異な」食文化を楽しみ、衛生観念が徹底できないところから発生する疫病だから、西側先進国とは無関係だという偏見と傲慢が最初からあった。

そして裴明福氏は「西洋から東洋への覇権の移動」に期待を寄せた。

・コロナ以降の世の中は今と大きく変わるのははっきりしている。その時、世の中はどのような様相を呈しているだろうか。中国が米国を凌駕する超強大国の地位にのぼる可能性は［？］。

・コロナ事態で機能不全を見せている欧州連合（EU）は、コロナ以降も存続できるだろうか。コロナ危機で比較的善戦している韓国や台湾、シンガポール、香港が東アジアの新興先進国に仲間入りする可能性はないだろうか。

**アジア主義が突然、噴出**

韓国で「アジア主義」が突然、噴出したのだ。もちろん、新型コロナが米中の覇権争いを激化させる、との見方は世界中で語られた。米外交誌、Foreign Policy は識者12人の新型コロナ後の世界予測を「How the World Will Look After the Coronavirus Pandemic」（3月20日）で紹介した。うち3人が対立激化など「米中関係」の視点でも語った。

ただ、「東洋が西洋を圧する」と見たのは3人のうち1人だけだった。S・ウォルト（Stephen M. Walt）ハーバード大学教授が「新型コロナが西洋から東洋への力と影響力の移動を加速させる」（COVID-19 will also accelerate the shift in power and influence from West to East.）と語ったに過ぎない。

「西洋が没落する」とか「東洋が覇権を握る」といった見方は日本でも広がらなかった。「西から東への覇権の移動」が定番の論点になったのは韓国だけである。

「覇権の交代」は分析というより、韓国人の願望と見た方が正確だろう。かなり強引な理屈が駆使されているからだ。コ・デフン首席論説委員の「西洋優越主義の終焉？」には「儒教文化が評価された」というくだりがあり、根拠を次のように示した。

・ニューヨークタイムズ（ＮＹＴ）のコラムニスト、トーマス・フリードマン［Thomas Friedman］は、アジアの「強い絆社会」と米国・イタリアのような「ゆるい社会」を比較した。

・そして、「個人の自由よりも規律を掲げる（アジアの）文化は危機の時に社会の結束を強化する」とした。東洋の価値が「コロナの後」のニュー・ノーマルになる可能性があるという意味だ。

## オーストリアも儒教国家？

ところが、フリードマン氏はこの記事「Our New Historical Divide: B.C. and A.C.—the World Before Corona and the World After」（3月17日）で「東洋優位」とは1言も語っていないのだ。該当する原文は以下である。

・“Tight societies, like China, Singapore and Austria have many rules and punishments governing social behavior. Citizens in those places are used to a high degree of monitoring aimed at reinforcing good behavior. Loose cultures, in countries such as the United States, Italy and Brazil, have weaker rules and are much more permissive.”

・These differences in tightness and looseness, she argued, were not random: “Countries with the strongest laws and strictest punishments are those with histories of famine, warfare, natural disasters, and, yes, pathogen outbreaks. These disaster-prone nations have learned the hard way over centuries: Tight rules and order save lives. Meanwhile, cultures that have faced few threats — such as the United States — have the luxury of remaining loose.”

「強い絆社会」と「ゆるい社会」の比較はフリードマン氏自身の所説ではなく、心理学者、M・ゲルファンド（Michele Gelfand）メリーランド大学教授の学説を紹介したものだ。原文では「強い絆社会」と「ゆるい社会」を分かつのは飢餓、戦争、自然災害、感染病の流行の経験の有無とされている。東洋と西洋の差とは一言も書いておらず、ましてや、「儒教」には一切、言及していない。

具体的な国名も挙げているが、「強い絆社会」の国は中国、シンガポール、オーストリア。「ゆるい社会」は米国、イタリア、ブラジル。オーストリアは東洋の国でも儒教国家でもない。コ・デフン首席論説委員は原典を捻じ曲げ「東洋が優れている」との結論に強引に持って行ったのである。

## 欧州で繰り広げた帝国主義批判

では、ここまでして「東洋はすごいぞ！」と韓国人が言いたがるのはなぜだろうか？「韓国すごいぞ！」だけで優越感にひたるには十分なはずだ。

それは「真の一等国」になるには西洋による世界支配を打破せねばならない、と韓国人が密かに考えているからであろう。韓国では「日本の植民地になったことはない」との歴史の改竄が始まっている。経済成長が成功するほどに「植民地になった過去を持つ限り、一等国とは見られない」との思いが高まったのだ。

いわゆる「徴用工問題」で日本側にカネを支払わせようとするのもそのためだ。「植民地の国民ではなかったのに不当に働かされた」と言い張って、もし日本の企業なり政府がカネを払えば「韓国の植民地化は不法だった、と日本も認めた」と主張する作戦である。

ただ、日本に認めさせるだけでは不十分だ。日本と連合国が第2次世界大戦の終結を謳い1951年に調印したサンフランシスコ平和条約では、韓国は戦勝国と認められなかった。そもそも、交戦国とさえ認定されなかった。朝鮮半島は日本の植民地だったと「西洋」が認識していたからだ。

そこで韓国は「日本による植民地支配は不法で不当だ」と西洋で訴える作戦に出た。2013年11月、朴槿恵（パク・クネ）大統領は英・仏・ベルギーを歴訪した際、日本の植民地支配の不当性を各国首脳に訴えた。日本の同盟国である米国は難しくとも、欧州なら対日批判に同調させやすいと考えたのだろう。

だが、欧州でもまったく相手にされなかった。作家の塩野七生氏は朝日新聞のインタビュー記事（２０１６年５月25日）で次のように評した。

・ヨーロッパは旧植民地帝国の集まりみたいなようなものだから、日本の優に十倍の年月にわたって、旧植民地に言わせれば、悪事を働きつづけた歴史を持っているのです。それでいて、謝罪すべきだなどとは誰も考えない。

・そういう国々を歴訪しながら「日本は悪いことをしていながら謝罪もしないんです」と訴えて、効果があると考えたのでしょうか。私には、外交感覚の救いようのない欠如にしか見えませんが。

## 「戦勝国」の称号に釣られた韓国人

塩野七生氏の著作は韓国でも翻訳され、人気を誇っていた。しかしこの記事に怒った韓国各紙の記者は塩野七生氏を一斉に「公共の敵」として糾弾した。日本の植民地支配の不法性を西洋に認めさせるなんて無理だぞ――と言いわたされたと考えたのである。

しかし、実態としては塩野七生氏の指摘する通りなので結局、韓国が歴史の改竄を実現するには「西洋による世界支配」を終わらせるしかないということになる。

「西洋の厚い壁」にぶつかっては折れる韓国人の心を中国はすっかり見抜いている。そして折に触れそこを揺さぶっては米韓の離間を図る。

2015年9月、中国は抗日戦勝70周年記念式典（抗日式典）を開いた。一番の見せどころは天安門広場での軍事パレードで、中国が軍事的にも米国に匹敵する存在になった、と示すのが目的だった。

その意図があまりに露骨だったので、西側諸国は国家元首やそれに準じる高官を式典に送らなかった。しかし韓国の朴槿恵大統領は米国の警告を無視して参加した。

当然、米韓関係は悪化し、同年10月にワシントンで開いた米韓首脳会談後の共同会見の席で、B・オバマ（Barak Obama）大統領は朴槿恵大統領を前に韓国の「離米従中」を非難するに至った（新潮新書『米韓同盟消滅』第2章第1節）。

朴槿恵政権が米国に叱られるような判断ミスをしたのは、「抗日戦勝70周年記念式典」という名称に釣られたためだ。欧米からは認められぬ「戦勝国」の称号を中国から与えられると考えたのだ。

当時、参加に明確に反対した韓国メディアは保守系を含め皆無だった。「保守中の保守」とされる趙甲済（チョ・カプチェ）ドットコムでさえ、大統領の参加に好意的だった。

国中が「戦勝国として認められた」つまり、「植民地になったことはなかった」との幻想に酔ったのだ。

## 中韓の密やかなトラウマ

中国は「韓国籠絡作戦」を新型コロナの局面でも発動した。中国共産党の英語による対外宣伝紙、Global Times は2020年3月31日、「Rise of US white supremacy portends new cold war or worse」を載せた。

「白人優越主義の米国が世界平和を乱す」との主張で、まさに「西洋vs.東洋」の対立の構図で世界を描いた。だが、「米国が白人優越主義を唱える」というのはまったくの捏造だった。この記事は「米国で沸き起こる白人優越主義」の例として、トランプ（Donald Trump）大統領の元側近、S・バノン（Stephen K. Bannon）氏の発言を挙げた。

・Bannon has said that the Chinese government is "an existential threat to the Chinese people and to the world, not just the US." This is a typical statement aimed at gaining political support by pitting China and the world against each other. People like Bannon are actually spokespersons for white nationalism and white supremacy, and they label China an enemy to realize their political goals.

バノン氏が中国共産党を激しく非難したのは事実だが、この記事を読めば分かる通り、「白人優越主義」など一切、主張していない。「白人vs.アジア人」――「西洋vs.東洋」の図式を訴えるには、相当な無理がある。

この次の段落には「白人のナショナリストは異なるイデオロギーを採用する国は敵と見なす。かつての敵はソ連だったが、今は中国である」とのくだりがある。

・white nationalists believe in an extreme way that their ideology must be spread and accepted by others, and any country that adopts a different ideology is labeled an enemy. They also attempt to unite Americans by making up an enemy. This enemy was once the Soviet Union, and now it is China.

異なるイデオロギーを敵視するのは「白人」に限らない。ここまで来ると無茶苦茶である。ただ、中国人と韓国人はこの対立の図式に飛び付きやすい。19世紀の欧州各国による東洋侵略――「西洋の衝撃」は清朝と李氏朝鮮の滅亡を呼んだ。それは今に至るまで、中国人と韓国人のトラウマになっている。

## 仁川は横浜になれぬ

朝鮮日報の鮮于鉦（ソヌ・ジョン）東京特派員は日本が横浜開港150周年を祝うのを見て「祝福の歴史、呪詛の歴史」（2009年5月11日、韓国語版）という見出しのコラムを書いた。

横浜と同様、19世紀末に西洋との窓口になった仁川が韓国ではあまりに疎略に扱われているとの指摘である。2003年、開港120周年を迎えた仁川港の開港記念塔は「交通の邪魔になる」との名目で取り壊された。鮮于鉦特派員は「150周年の際には、開港場全体をぶち壊そうと壮語する人が出てくるかもしれない」と書いた。

「横浜は西洋に国を開いて強国を作った歴史の勝者たちの痛快な風景」であると規定した鮮于鉦特派員は、敗者への転落の号砲となった仁川は、韓国人にとって呪いの対象だと嘆いたのである。

韓国の「離米従中」の背景には、朝鮮半島の歴代王朝が中国大陸の王朝に朝貢していたという古代からの歴史によるところが大きい。同時に近代に至り、自らと同様に西洋の衝撃をきっかけに落ちぶれた中国への共感も大いにあずかっている。

幾重もの歴史で培われた中韓両国の密やかな連帯感を欧米人はもちろん、西洋型の近代化にいち早く成功し、植民地帝国の隊列に加わった日本人は見落としがちである。

**もう、同盟は時代遅れ**

Global Times はすかさず二の矢を放った。翌4月1日に載せた論説「Post-pandemic international relations could change for the better」である。

見出しを見て「新型コロナが終わった後に『よくなること』などあるのか？」と首をひねった人も多いはずだ。本文を読むと、何のことはない「同盟はもう役に立たない。人類の未来を共有するコミュニティを創ろうという中国の構想に結集せよ」との宣伝だった。

・The strict adherence to alliances as a dominate force in the international order is losing appeal. In

the face of severe situations, the world will eventually turn to coordination and cooperation.
・China's vision of building a community with shared future for mankind is being better understood through the mutual help between China and countries like Japan, South Korea and Italy.

「米韓同盟を止めよ」とは名指ししていないが「中国と日本、韓国、イタリアの間の相互支援」とあるところから、韓国を引き寄せる狙いが透けて見える。

　コロナの流行と共に韓国で盛り上がった東洋優位ムードは２０２１年に入るといったん収まった。まず、西洋がワクチンを開発、韓国もその供給に頼ったからだ。ただ、思わず見せた西洋への怨念と、それにつけ込んだ中国の手口は記憶にとどめる必要がある。

　２０１７年12月15日、北京大学で講演した文在寅大統領は新羅以来の中韓の友好関係、ことに中国人と韓国人が共に日本と戦った歴史を強調しつつ、「韓国も小さな国ではありますが、責任ある中堅国家としてその夢［中国の夢］を共にします」と宣言した。

「中国の夢」とは習近平主席が打ちだしたスローガンで「中華民族の偉大な復興」を意味する。だが、これに参加すると表明した文在寅演説は韓国で問題化しなかった。多くの韓国人にとって「中国が支配する世界」は嫌悪すべきものではないからだ。日本人や西欧人と同様に拒否感を示す人もいるが、彼らも「中華世界」には慣れているのである。

## ウクライナを非難した大統領候補

ロシアがウクライナに侵攻した翌日の2022年2月25日。大統領選挙戦のテレビ演説で左派「共に民主党」李在明（イ・ジェミョン）候補は「ロシアに逆らったウクライナ」を非難した。「勝つ方に付こう」との思惑だけが透けて見えた。李在明氏は落選したが、47・83％の高い得票率を獲得した。

当選した保守「国民の力」の尹錫悦候補は侵攻の可能性が高まった1月25日、ウクライナに関し初めて言及した。その際、「［対ロ」経済制裁により、我が国の企業が被害を受けないよう徹底的に備えよ」などと韓国の利害だけに言及し、ロシアの侵略を一切、牽制しなかった。韓国は米国と同盟を結んではいるが、自由と民主主義を尊重する「西側の国」とは言い難い。

感染症が再び流行して西洋が苦境に陥る時、あるいは台湾海峡で軍事衝突が起きて米国や日本が苦戦する際、中国が主導する「反西洋」の動きに韓国が加わらないとの保証はどこにもないのだ。

## 2　宗教に昇華した「K防疫」

世界一の新型コロナ対策と韓国政府が誇る「K防疫」。感染者が急増し医療崩壊が起きても韓国人は「我が民族はすごいぞ」と信じ続けた。K防疫は宗教に昇華したのだ。

### 無神経な文在寅

２０２１年12月、韓国の保守系紙は社説で文在寅大統領を一斉に批判した。コロナの感染者が急激に増え、入院できずに自宅で死亡する患者が相次いだためだ。

朝鮮日報の社説「文は『1万人に備え』と言うが、感染者が５０００人を超え『医療崩壊』の危機に」(12月6日、韓国語版)は以下のように政府の無能を非難した。

・専門家は政府のワクチン政策失敗が今の危機状況を作った可能性を提議している。我が国と日本はワクチン接種完了率で大きな差はないが、ファイザーとモデルナ中心に接種した日本は1日の新規陽性者は１００人前後に抑制されている。

・半面、我々が初期に主に接種したアストラゼネカ製ワクチンは接種して10週以降は感染予防の効果が急速に落ちることが確認されている。初期のワクチン確保競争に出遅れたために陽性者数が急増した可能性があるということだ。

中央日報も社説「一拍遅れた防疫強化、オミクロンを抑えられるか」(12月4日、韓国語版)で「1日の新規陽性者が3000人を超えた時点で文在寅大統領は『国民との対話』に出演し、K防疫の成功を自画自賛した」と呆れて見せた。

2021年11月21日の「国民との対話」で、文在寅大統領は4年半の任期を振り返り、K防疫を自らの実績として高らかに謳った。だがその時、韓国はそれまでで最大の死者を出すことになる第4波に襲われていた。大統領のこの無神経さを中央日報は追及したのだ。

2020年1月にコロナの感染者が初めて確認されて以降、文在寅大統領が防疫体制を誇るたびに感染が爆発する、という皮肉なパターンが繰り返された。それが4回目に達した時、韓国人の堪忍袋の緒が切れたのだ。

## 「検査数が多い」をウリに

ただ、文在寅政権を猛烈に非難した保守系紙も、韓国の防疫体制を意味する「K防疫」そのものは批判しなかった。「K防疫」という言葉には「韓国人一人ひとりが優秀である」との含意があるからだ。下手に批判すれば、「自分たちは世界に冠たる民族だ」と信じたい国民を敵に回してしまう。

だから朝鮮日報などはワクチン獲得の失敗や、大統領の傲慢に攻撃の対象を絞った。そもそも、政権のお先棒を担いで「K防疫こそが韓国人の優秀さを示す」と触れまわったのはメディアである。

K防疫キャンペーン第1弾は「検査数が多い」ことだった。2020年2月下旬、韓国は新型コロナの第1波に襲われ、感染者数はたちまち中国に次ぐ世界2位に躍り出た。

巨大クラスターが発生した韓国第4の都市、大邱では医療崩壊が起きた。病床不足で入院できずに死亡したコロナ患者や、単なる肺炎だったのにコロナと疑われ入院を断られて死んだ人も出た。そんな状況を見て、世界中の国が韓国からの入国の禁止・制限に動き、3月9日には100カ国を超えた。

文在寅政権は「習近平訪韓を実現するため中国からの入国を規制しなかった」と批判の矢面に立たされた。4月の総選挙を控え、保守派は弾劾の準備を進めた。苦境に陥ったこの政権が危機を脱するために持ち出したのが「検査能力の高い韓国」という謳い文句だった。

青瓦台（大統領府）のサイトには毎日、検査件数を載せ、日本とイタリアのデータも並べて「韓国は日本の10倍以上も検査している」と胸を張った。

## CNNからお墨付き

「検査数が多いから安全な国」とは言えない。むしろ逆で、大邱に巨大なクラスターが発生したからこそ、韓国は大量の検査を余儀なくされたのである。「検査数が少ない」と韓国人に馬鹿にされた日本は当時、クルーズ船「ダイヤモンド・プリンセス号」以外では大きなクラスターが発生しておらず、大量検査の必要がなかった。

「検査能力を誇る韓国では、望む人は誰でも検査を受けられる」といった情報が世界に向けても流され、日本でも信じる人が出た。だが、これもまったくの誤りだった。韓国でも少なくとも流行の初期段階は「検査対象は濃厚接触者に限る」がルールだった。

実際、大邱のクラスターの全容がほぼ解明できた3月上旬をピークに検査数は減った。その後「余計な検査は止めるべきだ」との意見も出た。検査は医療関係者に大きな負担をかけるからである。

なお、「大量」と誇っても、全国民を検査するにはほど遠い能力だった。大邱のクラスターを潰すために必死だった2020年3月初めの段階でさえ、検査数は1日に1万件前後。このペースだと、韓国の人口、5184万人（2020年）全員を検査するのに14年かかる。

だが、「検査大国」のからくりを韓国人は疑わず、政府の宣伝を素直に受け入れて自己満足にひたった。この政権が狡猾だったのは、自分の手柄として検査数を誇ると同時に「秩序正しく政府の指示に従う国民」や「検査キットをいち早く開発した我が国の企業」を称賛、国民にも花を持たせたことだ。自分も褒められれば、政府を批判しにくくなる。

4月15日の総選挙で、3月上旬までの予想を裏切って与党「共に民主党」が圧勝した。大邱のクラスターの収束期とも重なって、政権のプロパガンダが奏功したのである。

調子に乗った文在寅政権は検査数と共に「感染拡大を起こさなかった選挙」を世界に

向け宣伝した。この頃、米国では感染が広がり始めていたので、CNNなど反トランプメディアが「無策な」米政権を攻撃するため「韓国の大量検査」を褒め称えた。これに励まされた文在寅政権は4月17日、「K防疫」という言葉を正式に採用し、メディアもこれに飛びついた。ここで「世界で称賛されるK防疫」という自画像が韓国で定着した。

### 異物入りのK注射器

文在寅政権は宣伝を打ち続けた。世界初のドライブスルー方式のコロナ検査場、スマホなどITによる位置情報を利用した濃厚接触者への警告システム、先端の隙間をなくすことにより瓶の中のワクチンを無駄なく吸い上げる「K注射器」……。いずれも「我が民族の優秀さを示す証拠」として韓国メディアは持ち上げた。

韓国人はすっかりK防疫を信頼した。日本の文芸誌『すばる』2020年8月号に、SF作家で弁護士のチョン・ソヨン氏が「コロナ以後の日常——韓国・ソウル」というエッセイを寄せた。見出し通り、コロナでがらりと変わった日常を描いたのだが、最後のくだりが印象的だった。

・コロナ以後の時代に韓国・ソウルで暮らしながら、私は改めて実感する。私たちは命が連結された共同体であると。そして国家や他人が私の命を見捨てないだろうと信じられるようになった自分自身に驚き、安堵している。

政府のコロナ対策に全幅の信頼を寄せ、その安心感を日本の雑誌で表明したのだ。筒井康隆氏ら52人がリレー形式で２０２０年1年間をつづった『パンデミック日記』とは対照的である。52人中47人が日本在住だが、「国家に守られている」といった感想を書いた人は皆無で、何人かは政府や自治体の首長の無能さを批判した。

もっとも、Ｋ防疫は次第に馬脚を現した。ドライブスルー方式の検査場は交通渋滞を引き起こしたため相次ぎ閉鎖。２０２1年末の段階でソウル市内では1カ所が残るだけとなった。

「Ｋ注射器」は品質管理の甘さから異物の混入事件が多発。スマホ利用の警告システムは鳴かず飛ばずに終わった。２０２1年秋までのコロナは感染力がさほど強くなく、映画館の席で隣り合ったぐらいではうつらなかったためと思われる。

大声で歌って踊るクラブのような場所では効果が上がる可能性もあるだろうが、そんな場所にはスマホのスイッチを切って入る人が多い。どこで遊んでいるかまで政府に知られたくはないからだ。実際、2020年5月にゲイの集まるソウルのクラブで感染者が発生した時、保健当局は入場者をなかなか追跡できなくて困惑した。

### 「韓国の死亡数は少ない」は本当か

「まやかし」という意味では、韓国が誇る「死亡数が極めて少ない」との言説がもっともたちが悪い。2021年12月末時点で韓国のコロナによる死亡数は累計5625人。一方、日本は同じ時点で1万8385人。日本の人口は韓国の約2・43倍なので、韓国の水準に換算すると7365人。韓国政府の発表を信用すれば確かに、人口を勘案しても韓国の死亡数は日本の76％程度に留まった。

こうしたデータから「韓国はよくやっている。日本は負けた」と褒め称える日本の韓国専門家も登場した。しかし、データ分析の専門家の間では、韓国政府発表のコロナ死亡数を疑いの目で見る人が多い。2020年の日本の超過死亡者数がマイナスだったのと比べ、韓国のそれはプラスだったからだ。

2020年1年間の日本のすべての原因による死亡者の数は前年に比べ9373人（0・7％）減の138万4544人。高齢化により死亡数が年に約2万人ずつ増えていることを考えると、実質的には約3万人減った計算になる。

日本経済新聞の「国内死亡数、11年ぶり減　コロナ予防で他の感染も抑制」（2021年3月29日）によると、医療専門家はコロナ対策のための手洗い励行やマスク着用で、コロナ以外の感染症による死亡が減ったと判断した。

**図表①　韓国の死亡数**

| 年 | 死亡数（人） | 前年比（%、▼はマイナス） |
|---|---|---|
| 2011 | 257,396 | 0.78 |
| 2012 | 267,221 | 3.82 |
| 2013 | 266,257 | ▼0.36 |
| 2014 | 267,692 | 0.54 |
| 2015 | 275,895 | 3.06 |
| 2016 | 280,827 | 1.79 |
| 2017 | 285,534 | 1.68 |
| 2018 | 298,820 | 4.65 |
| 2019 | 296,110 | ▼0.91 |
| 2020 | 304,948 | 2.98 |
| 2021 | 317,800 | 4.21 |

（出所：韓国統計庁）

一方、韓国のこの年の全死亡数は前年に比べ9838人（2・98％）増の30万4948人。韓国も高齢化により、2015年から2019年の間で死亡数は年平均約1・7％増えているが、これを考慮に入れても明らかに多かった。

「コロナによる死亡数を誤魔化しているのではないか」と疑われるのを恐れてだ

ろう、韓国の統計庁は「2017―2019年の3年間の平均と比べ2020年の死亡数はさほど多いわけではない」と発表した。

一見それらしい説明だが、2018年の韓国は厳しい寒波に襲われ、前年比で4・65%も死亡数が増える「異常年」だった。これを紛れ込ませた「平均」と比べて「多くない」と言い張っても説得力を欠く。

## 日本の2倍以上の死亡数

「異常年」の数値を薄めるため、2015―2019年の5年間に広げて年間の平均死亡数を計算すると28万7437人。これと比べると、2020年の死亡数は6・09%も多い。

高齢化に伴い死亡数が年平均1・7%増えていることを織り込んで5年間の年間平均死亡数を2020年水準に換算すると30万2225人。この数字と比べても2020年の死亡数は2723人多い。本当のコロナによる死亡数はこの数字前後であろうとの推測が成り立つ。

しかし、韓国政府の発表によると同年のコロナによる死亡者は917人に過ぎない。

これらから、政府発表はコロナによる死亡数を実際の3分の1程度に見せかけた過少計上の可能性が高い。

この割合を適用して韓国の2020年初めから2021年末までのコロナによる累計死亡数を計算すると1万6706人。人口規模を考えれば日本の2倍以上に跳ね上がる。ある日本の医療専門家は「韓国では糖尿病など既往症を持つ人がコロナで死亡した場合、死因を既往症と報告するケースがあるようだ」と説明する。

中央日報のチャン・セジョン論説委員も「総選挙目前に魔法のように急減…『コロナ検査縮小』疑惑の真実は」（2020年4月13日、韓国語版）という見出しの記事で「検査を実施せず、陽性者を出さなければ病院側も最低2週間の営業停止を食わずに済む」との公立病院の医師の談話を紹介した。病院でコロナ感染者が死亡した場合、既往症があればコロナによる死亡に数えられないケースがあることを示唆している。

専門家が見ればK防疫のまやかしは明瞭だったが、韓国政府はそれを内外で宣伝し続け、多くの国民も信じ続けた。2021年12月23日、韓国政府は文在寅大統領の治績をまとめた「大韓民国、危機を乗り越えて先進国へ」というタイトルの冊子を発行した。第1章の見出しは「コロナ19　全世界の大流行の克服を牽引したK防疫」で、「韓国の防疫が世界一」を訴えるものだった。2021年末になっても宣伝を止めなかったのである。

政府発表の怪しさに気づいた専門家や記者は韓国にもいただろう。韓国の超過死亡数の多さを報じた海外メディアもあったからだ。WSJ（ウォール・ストリート・ジャーナル）の「The Covid-19 Death Toll Is Even Worse Than It Looks」（2021年1月14日）には各国の超過死亡数と公表されたコロナの死亡数の乖離を示すグラフが付いている。これを見れば韓国の「怪しさ」は一目瞭然だ。それでも韓国の大手メディアは政府発表のデータに一切、疑問を呈さなかった。

国民が「K防疫」を信仰している以上、その偶像を壊す勇気は出なかったのだ。「本当は日本より韓国の方がコロナによる死亡者がはるかに多い」と聞かされれば、韓国人は怒り狂うであろう。K防疫は事実とは無関係に、国民が共有する神話となったのである。

### 伊豆大島の島民に驚く

韓国人は政府や国を信用しない。コロナ流行の初期の「人出」を見れば明らかだ。日

## 図表②　日韓の「人出」推移

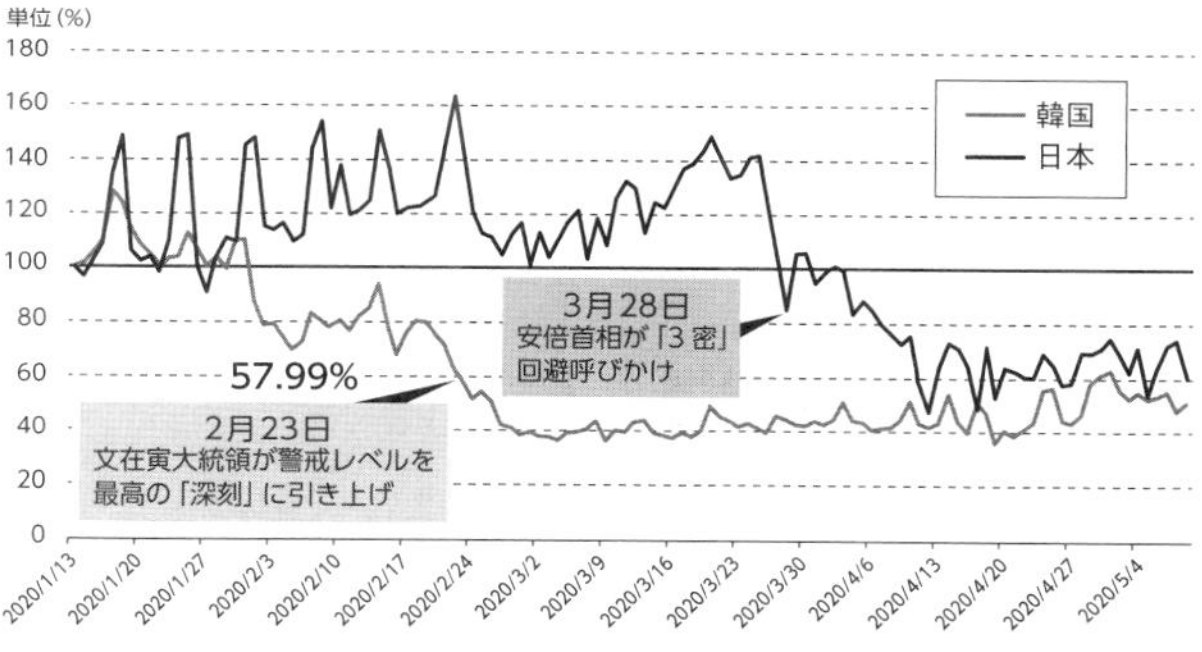


（出所：Apple 社公開の「移動傾向レポート」に基づく walking（徒歩）の数値）

・このグラフはコロナ流行前の1月13日と比べた人出（徒歩）の割合を示す。
・日本の人出が完全に100%を割り込んだのは2020年4月4日（82.85%）。3月28日に安倍晋三首相が「３密」回避を呼びかけた後のことだった。
・一方、韓国の人出が100%を割ったのは２月１日（87.13%）。文在寅大統領が警戒レベルを「深刻」に引き上げた２月23日の３週間以上前だった。

本では政府が「三密」回避を呼びかけて初めて人出が減少した。国というものを信用しきっていて、政府の指示に極めて従順だ（図表②参照）。

一方、韓国では死者が１人も出ていない２月上旬から人出が急減した。２月13日には大統領が「新型コロナは遠からず終息する」と語ったが人出は減り続けた。韓国人は国や政府を頭から信じていない。

２０２０年１月、韓国政府がコロナ用の一時隔離施設を忠清北道鎮川などに設置した際、周辺住民が激しく反対し、説得に向かった政府高官を暴行した。

1986年11月、伊豆大島の三原山が噴火、島民が避難した。それをテレビで見た韓国紙の東京特派員が「きちんと列を作って救援船に乗る日本人が恐ろしい」とつぶやいた。いぶかしんだ筆者が「政府が派遣する船だから全員が乗れる。焦る必要はない」と言うと、韓国の特派員は「それは日本だからだ。韓国に住めば分かる」と苦笑いしながら答えた。

確かに、住んでみると韓国人が「自分と家族以外は信用しない」ことがすぐさま分かった。列を作ってもどうせ横入りされるからと、ちょっとしたことで押し合いへし合いになる。

韓国人の説明は共通した。朝鮮戦争の勃発早々、ソウルは陥落した。その直前、政府は市民に「絶対に守るからソウルに残れ」と命じた。しかし、李承晩（イ・スンマン）大統領ら高官と家族は南に逃亡。それを追って漢江を渡ろうとした市民もいたが、北朝鮮軍の南進を食い止めようとする韓国軍に橋を爆破されてしまった。政府の命令を忠実に守ってソウルに残った人々は、韓国軍が戻ってきた時にスパイの汚名を着せられ、多くが処刑された――。要は「国を信じると馬鹿を見る」というのだ。

そんな韓国人がコロナに関しては政府を信じきったのはなぜだろうか。それは国への不信感を抱くと同時に、心の奥底で「信じられる国家」に憧れているからと思われる。根深い不信感を持つからこそ、信じるに足る国が欲しいのだ。「きちんと列を作って船に乗る伊豆大島の島民」への驚きは、政府を信頼して生きていける日本人への羨望でもある。

そんな複雑な心情に揺れる韓国人は「誇れる祖国」像を示されると飛びついて「自分の国は信じられる」と言ってみたくなるのだ。SF作家のチョン・ソヨン氏が「見捨てられない自分」だけではなく「国家を信じられるようになった自分」を喜んでみせたのが象徴的である。

## 妄想の果てに奈落の底

K防疫の神話化は韓国人の多くが「チョン・ソヨン氏」であることを意味する。「韓国すごいぞ！」という「K神話のまやかし」は防疫に留まらない。

韓国は米中二股を目指したあげく、双方からまともな国として扱われなくなった。しかし、「両大国から自分の陣営に来てくれるよう哀願される韓国」という虚像を信じた韓国人は、外交的な孤立を直視できない。

内政では左右対立が激化する余り、せっかく芽生えた民主政治が壊れ始めた。だが、「日本よりも進んだ民主主義を実現した韓国」との妄想を抱いた以上、危機感は生まれない。

2019年に生産年齢人口（15―64歳）がピークアウトし、日本より急激な少子高齢化の時代に突入した。というのに、「世界5位の経済大国になれる」と自画自賛し続ける……。

北朝鮮の後を追って失敗国家の列に並びかける韓国。だが、「このままでは奈落の底に落ちる」との認識は広がらない。K防疫のまやかしが不問に付されたのと同じ構図である。

## 3　絶望的な劣等感が生む「から威張り」

コロナの感染拡大で死者がどんなに増えても、韓国人は屁理屈をこねて「我が国の防疫の方が上」と日本を見下した。から威張りを生んだのは、韓国人の絶望的な劣等感である。

### 日本は「けがの功名」

2021年末の韓国で、究極の日本蔑視論が登場した。左派系紙、ハンギョレが「日本はコロナの検査を十分にしなかった。そのため無症状の感染者が増えた結果、自然に集団免疫が備わった」と主張したのだ。

2021年10月から年末まで、日本は第5波と第6波の狭間の小康状態にあった。ことに11月12日から12月20日までは新規陽性者数は200人以下、死亡数は11月6日以降2022年1月13日までゼロか1ケタの日が続くという、世界的に見ても異例な穏やかな時期だった。

同じ頃、韓国はそれまでで最も大きな感染の波である第4波に苦しんでいた。重症患者も病院に収容できず、在宅死亡が相次いだ。12月22日には1日109人と、初めて100人台の死者を出した。

「輝かしいK防疫」の一端を担っていたドライブスルー方式の検査場も交通渋滞を起こすため厄介者扱いされ、2021年末までソウル市内で続いたのは1カ所だけ。感染拡大におびえるソウル市民は零下の冬空の下、屋外で何時間も列に並んで検査を受ける羽目に陥った。日本の防疫に比べ韓国のK防疫は優れている、と信じていた韓国人は混乱した。

その迷いを解くべく、ハンギョレのキム・ソヨン東京特派員は「日本が感染者を大きく減らすことができたのは『けがの功名』に過ぎない」と主張したのだ。「知らず知らずに集団免疫？　日本の『新型コロナ急減』ミステリー」（12月9日、日本語版）のポイントは以下だ。

・日本は、新型コロナパンデミックが発生した初期、韓国のような徹底的遺伝子増幅（PCR）検査をしておらず、「感染が広がったことにより」「自然免疫」を持つ人が増えた。こうした状況で8月にワクチン接種率が50％を超え、社会全体の耐性が強まったということだ。

## 素晴らし過ぎたK防疫

「自然免疫」とは生まれつき備わった免疫のことを指すので、正確には「感染による免疫」と呼ぶべきだろう。それはともかく「自然免疫説」はまったく根拠がない。もし、正しいなら日本ではワクチン接種以前から抗体を持つ人の比率が高いはずだが、そんなデータはどこにもない。

そもそも、「日本は韓国のように徹底的ＰＣＲ検査をしていない」というのが俗説なのだ（第1章第2節）。当初、濃厚接触者に限って検査を実施する、という基本方針で臨んだのは日本も韓国も同じだった。

ハンギョレがこんないい加減なことを書いたのは、文在寅政権のコロナ対策に対し批判が高まったからだろう。保守系紙は「菅義偉前首相は米政府にかけ合い、ファイザーのワクチンを確保して感染者急減に成功した。一方、文在寅大統領はワクチン獲得に完全に出遅れた。効き目が長続きしないアストラゼネカを重症化しやすい高齢者に打つ羽目に陥り、今の惨状を招いた」と政治責任を追及し始めた。

御用新聞と揶揄される左派系紙のハンギョレとすれば、保守の政権批判に反論せねばならない。それには国民の目を「ワクチン」からそらすのが一番。そこで「日本が免疫を得たのは感染のおかげ」とのロジックを展開したのだろう。

キム・ソヨン特派員も日韓で接種したワクチンの種類が異なることには一応、触れた。しかし、「韓日で10歳代の接種率に差があるといったワクチン説には限界がある」と決め付けたうえで「自然免疫説」を強調したのだ。

それに「自然免疫説」を打ち出せば「日本の検査数の少なさ」に焦点を当てて「検査をしっかりやった文在寅政権」を宣伝できる。この記事の最後のくだりにはこうある。
・この仮説［自然免疫説］が正しいならば、現在の韓国を危機に追い立てたのは、徹底したK防疫のせいということにもなる。恐るべき「防疫の逆説」になるわけだ。

**民度では日本に勝てない**

新型コロナの流行でも韓国人の幼いナショナリズムが浮き彫りになった。日本で感染者が増えると国を挙げて快哉を叫んだ。韓国で感染者が増える一方で日本では減ると、「日本の検査体制が劣っているからだ」「東京五輪を開くために日本政府が感染者数を操作している」と韓国紙は書いた。

日本は感染者だけでなく死者も減っていると指摘されると、韓国紙は「日本政府は死亡数も誤魔化している」との専門家の意見を載せた。ハンギョレの「けがの功名」説は幾多の日本陰謀論が否定されつくした後の苦し紛れの珍説だった。

流行の波は国によってずれがあるから、韓国の方が感染者や死者が多いこともあれば、その逆もある。それをいちいち隣国と比べ「勝った！」「卑怯な手で負けた！」と騒ぐのは天下の奇観だ。「シンシアリー」の筆名で日本語のブログを書く韓国の歯科医師は「韓国人はウイルスではなく、日本と戦っている」と嘆いた。

韓国人が日本にライバル心を燃やすのはいつものことだ。しかし、人の生き死にのかかる感染症対策でも「日本よりも上」と言い出すのは異様だ。なぜだろうか。

逆説的だが「韓国は日本よりも下」と内心、韓国人が考えてきたからだろう。筆者が１９８７年から１９９２年までソウルに在勤した時期、韓国から日本を振り返ると、とても太刀打ちできない巨大な存在に見えた。

当時、韓国の名目GDPは日本の10分の1以下だった。軍事的にも「韓国海軍は日本の海上保安庁にも勝てない」と言われていた。外交面でも1991年まで韓国は国連に加盟しておらず、ソ連とは1990年まで、中国とは1992年まで国交を結べなかった。1990年代初めまで、「一人前の国」ではなかったのだ。

絶望的だったのは、「日本に勝てないのは、国民の程度が低いからだ」と韓国人の多くが考えていたことだ。「日本人の秩序意識を見るに、先進国になったのには理由がある」などと韓国人は日常的に言い合っていた。

「一人ひとりの能力はともかく、集団になると日本人は力を発揮するが、韓国人は逆だ」との言い方も常套文句だった。いずれにせよ「国民の質が悪い」と言い出したら、韓国は永遠に日本のように発展できない、という希望のない結論になってしまう。

これは韓国の指導層にとって極めて困った問題だった。自分の国を信用できない国民は団結せず、政治は不安定になる。それに、外国で生活できる人はどんどん出て行ってしまう。

韓国系の米国人が日系と比べはるかに多いのは、国を捨てた人が相次いだからだ。彼らと話すと、豊かさを求めて米国に来た人ばかりではないことが分かる。「ちゃんとした、信頼できる国の国民になりたかった」と言う人がほとんどである。

### セウォル号がトラウマに

ただ、多くの韓国人の予想に反し韓国は日本並みに発展した。2020年の名目GDPは日本の3分の1までに伸びた。日本の人口は韓国の2・43倍だから、1人当たりではほぼ似た水準に達した。OECDが発表する購買力平価（PPP）ベースなら、1人当たりGDPは2018年に日本を抜いている。

外交面でも2010年、日本よりも先にG20首脳会合を主催した。2012年にはこれまた日本よりも先に、核セキュリティ・サミットの開催国となった。

米国との関係が悪い民主党が日本で執権した間隙を突けた、という幸運もあったが、当時の李明博（イ・ミョンバク）政権は「日本より上の一等国になった」と喧伝。国民は大いに溜飲を下げた。

国力の面では「日本よりも上」と誇るようになったものの、今一つ自信を持てなかったのが「民度」だった。その韓国人の心の傷口を広げたのが2014年4月のフェリー「セウォル号」沈没事故である。

セウォル号が沈没した際、修学旅行中の高校生325人を含む乗客433人を置き去りにして船長をはじめ高級船員は船を脱出した。乗員・乗客の死亡・行方不明者は304人にのぼった。沈没の一因が過積載であり、それも日常的に行われていたことも明らかになった。韓国人が気にする「民度の低さ」を示す典型的な事件となった。

1万6693人が隔離対象となり37人が死亡した2015年5月のMERS（中東呼吸器症候群）の流行も、韓国人に民度への自信を改めて失わせた。家族が不用意に入院患者を見舞ったことで感染者が急増。病室の鍵を壊して脱走する隔離患者も発生した。アジアで流行したのが韓国だけだったこともあって、韓国人は「これでも先進国か」と頭を抱えた。

### 劣等感が呼んだ弾劾

こうした事件が起きるたびに、韓国人は「我々の民度はやはり低い」と考えた。ネットでの書き込みからもそれが分かる。ただ、20世紀までなら素直にそう書いただろう大手メディアは、21世紀になると「民度の低さ」を正面から論じなくなった。「日本を抜いた」と喜ぶ国民からの反発を恐れたのだ。

メディアは「民度」の身代りに、「セウォル号」事件では救助が遅かったとして、海洋警察と朴槿恵大統領を非難の対象に選んだ。MERSでは防疫当局と大統領を批判した。

2017年3月に朴槿恵大統領が弾劾されたのは、前年に「大統領の友人が国政を壟断している」と報じられたのがきっかけだ。だが、背景には「セウォル号」やMERSのうっぷんがあった。国民の劣等感のはけ口が大統領に向かったのだ。

弾劾が決まった途端、韓国各紙は「日本よりも韓国の民主主義の方が上だ」と誇った。大統領を弾劾すれば民主的、というのも変な話だが、「権力に従順な日本人に比べ、正義を求め果敢にデモを敢行した韓国人」という新たな自画像に酔ったのである。これ以降、韓国紙は「韓国の方が日本よりも民度が高く、民主主義も成熟している」との前提で報じるようになった。

2020年に始まったコロナ騒ぎでも、政府とメディアはPCR検査キットやK注射器を早急に開発した民間企業を褒め称えた。「政府の指示を守り、冷静に行動したからこそ感染拡大を防げた」と、民度の高さも称賛の対象にした。

日本でトイレットペーパーの買いだめが起きた際は「韓国ではそんな事件は起きない。

韓日の民度が逆転した」と主張する記事が韓国紙に溢れた。

## MERSで負けたがコロナで勝った

興味深いのは、わざわざ日本語を使ってツイッターで日本を見下したり、韓国の優秀さを誇る韓国人が登場したことだ。2020年2月3日に横浜に入港したクルーズ船「ダイヤモンド・プリンセス号」で新型コロナの感染者が大量に発生した時、元・在日韓国人で「The Korean Politics 編集長」を名のる徐台教（ソ・テギョ）氏は2月14日、日本語で以下のようにつぶやいた。

・今のダイアモンド・プリンセス号と同じことを、韓国で、文大統領がやっていたらと考えてみてください。日本のワイドショーはずっ〜〜〜〜〜〜〜〜〜〜〜〜〜〜〜〜〜〜〜〜〜〜〜〜〜〜〜〜〜〜〜〜〜〜と付きっきりで取り上げるでしょう。「韓国検疫崩壊」とか言って。

徐台教氏は「日本検疫崩壊」と馬鹿にしたのだ。翌2月15日にも韓国がなぜ日本と比べうまくやっているかをツイッターで誇った。

・韓国政府は4月15日の総選挙を控え、感染拡大への対策において失態が許されないという緊張感があるのも大きい。さらに、過去のＳＡＲＳやＭＥＲＳを通じ整備された国家システムがある程度の水準で機能している。

・コロナウイルスに対する日韓の対応の差の一つは、予算投入の差というのは明白。具体的には調べていないが、韓国は１／28の段階で20億円以上を、その後も矢継ぎ早に予算を出し、さらには２０００億円を超える予備費の投入も見越している。ニュースにも「～～自治体がコロナに～～億を投入」というのが目立つ。

要は「ＭＥＲＳでは負けたが、新型コロナでは勝った」と日本に対し、そっくりかえったのである。

## 「お前らは下だ」と日本に通告

徐台教氏だけではない。韓国・建国大学の金容民（キム・ヨンミン）准教授も２０２０

年2月25日、韓国はすごいぞと日本語でつぶやいた。

・韓国の検査数　1日　2万超え、凄まじ人海戦術　幸い確診者は減り気味。

2月19日に大邱での大規模感染爆発が確認されたため、文在寅政権は「検査数の多さ」を誇ることで非難をかわす作戦に出ていた。金容民准教授も日本向けプロパガンダの戦列に加わったのだ。もっとも「1日2万件の検査」というのは累計検査数の誤認だった。2月24日午前9時現在の1日の検査数は5775件だった。

当時の中央防疫対策本部の発表資料は誤読されやすかった。数表の「日付」の列にあるのは当日までの累計検査数なのだが「累計」とはどこにも書いていないため、これを当日の検査数と勘違いする人が続出した。一方、本当の当日検査数は「増減」の列に表示されたため、当日と前日の検査件数の差に見えた。ある日の検査数がマイナスになることはないからだ。

このため韓国だけでなく、日本でも「韓国の検査能力は世界最高」との神話が広がった。韓国政府がそれを狙ったかは不明だが、誤解を利用してK防疫の宣伝に努めたのは確かだ。

### 毛利元就とＫポップ

日本語まで使って威張るのは、日本人に「自分たちは下だ」と思わせて初めて、「自分たちが上」と実感できるからだろう。韓国人は長い間、「劣った自分たちを日本人が馬鹿にしているに違いない」と考えてきた。その悔しさがコロナで一気に噴き出したのだ。

日本でも有名になった「Ｋ防疫」。韓国人は国産品に「Ｋ」を付けて呼ぶことが多い。20世紀の終わり頃まで、韓国企業が輸入品を代替した場合、日本と同様に「国産品」と呼んでいた。ただし、韓国では「国産品」という言葉には「粗悪品」「日本製のまがい物」といったイメージが染みついていた。

ソウル五輪（１９８８年）頃のことだ。韓国でバラエティ番組を見ていたら、毛利元就の逸話を下敷きにしたショート・コントをやっていた。武士ならぬ両班の父親が、１本の矢は折れても３本の矢は折れないと示すことで兄弟の協力の大事さを諭す、という話だ。

コントでは逸話通りに、まず父親が3人の息子の前で1本の矢を折ろうとする。ところが元の話と異なり、どんなに力を入れても折れない。結局、疲れはてた父親が息を切らしながら「最近の国産品はよくなったなあ」と感嘆する、というオチだった。

一緒に見ていた韓国人は一斉に笑った。「国産品は粗悪である」という卑下を前提とした笑いであり、同時に「国産品もいつかは良くなる」との希望も感じさせる笑いだった。

21世紀に入る頃——韓国人が自信を持ち始めた頃から、国産品の名称に「K」を付けて呼ぶのが定番になった。初めは護衛艦や戦車など、兵器への名付けが目立ったが、次第に「Kポップ」といった文化から果ては防疫という政策にまで広がった。「もう、粗悪品ではない。世界に冠たる韓国製だ」と誇りたくなったのだ。

### 国民の自信を壊すな

保守系紙が政府の防疫批判に乗り出した時、興味深いニュースが発生した。2021年12月17日、青瓦台の朴洙賢（パク・スヒョン）国民疎通首席秘書官——首席スポークスマンがラジオ番組で「K防疫は成功すべきだから成功しているのだ」という不思議な論理を使って、政府批判に応戦したのだ。

朝鮮日報の「青瓦台『K防疫は国民と医療陣がしたこと…なぜ、執拗に失敗と言うのか』」（12月18日、韓国語版）から発言を拾う。

・K防疫というものは国民がしたものであり、医療陣がしたものだ。だとすると、成功すべきなのに、なぜ、執拗に失敗したと言うのか。（政府が防疫に失敗したということは）国民の献身と医療陣の犠牲が失敗したという話になる。

日本人には「国民がやったK防疫だから、成功すべきだ」という理屈は意味不明だろうが、「韓国人の自信」という補助線を引けば理解しやすくなる。韓国人は自分の国に誇りを持てない人たちであり、政権はそれが故の国の自壊を常に恐れてきた。メディアを含む指導層は国民に自信を持たせるのが責務である。

青瓦台のスポークスマンは保守メディアに対し、今回のコロナ騒ぎで危うく国民が自虐に陥りそうになったのを「K防疫」プロパガンダで逆転した。というのに、せっかく涵養した自信を潰す気か――と詰め寄ったのだ。韓国という国は「自信」、つまり絶望的な劣等感が生む「から威張り」をキーワードに動くのである。

こうした政府の姿勢に疑問を呈する記者もわずかだがいた。中央日報の金玄基（キム・ヒョンギ）巡回特派員兼東京総局長だ。「【時視各角】韓国の防疫と日本の防疫の違い」（12月23日、日本語版）で、韓国と比べてはるかに少ない陽性者数でも日本政府は手柄にしないと書いた。防疫を政治の道具にする自国政府に対する批判だった。

だが、この記事は一部の国民から猛烈な反発を受けた。韓国語版の読者の書き込み欄では、15本中3本が「韓国の防疫を卑下するな」といった、理屈抜きの感情的な反発だった。「から威張り」でもいいから威張っていたい人が韓国には一定数いるのだ。

## ウクライナを2度も嘲笑

2021年7月23日、東京五輪の開会式を中継した韓国の放送局が社会に染みついた「から威張り」を垣間見せた。韓国MBCは各国選手団が入場するごとに、その国のコロナのワクチン接種率や1人当たりGDPを紹介した。当時、文在寅政権は先進国と比べ接種率が低いと批判されていた。五輪には多くの発展途上国が参加する。「韓国より接種率やGDPが低い国がこんなにあるのだ」と示す子供だましの宣伝だった。

ウクライナ選手団が入場行進した際、チェルノブイリ（ウクライナ語で「チョルノービリ」）原子力発電所の写真を流した。マーシャル諸島の選手団の入場時には「かつての米国の核実験場」、ハイチは暴動の写真と共に「大統領暗殺」と紹介した。外国の弱点をあげつらって自国の幸福をかみしめようとの、実に情けないナショナリズムが溢れ出たのだ。

放送現場の暴走ではなかった。ＭＢＣのトップは放送前に画像を確認していた。一部の韓国紙はＭＢＣの放送を問題視したが、ＮＹＴ（ニューヨーク・タイムズ）など先進国のメディアが非難したのを見て、慌てて後追いしたに過ぎない。

韓国人の幼いナショナリズムは危険水域に達した。「威張れる」材料を投げ与えてやれば、国民はレミングのように政治指導者が狙う方向にひた走る。

２０２２年2月25日、大統領選挙のテレビ討論で「共に民主党」の李在明候補は「キャリアが6カ月の初心者政治家が大統領になり、ロシアを刺激したため衝突した」と発言した。前日に始まったロシアの侵略はウクライナの大統領の責任だと言い放ったのだ。

平然と外国に侵攻するロシアへの怒りも無ければ、命をかけて国を守るウクライナの人々への敬意もない発言だった。「無能なウクライナ」を強調して票を稼ごうとの、あきれるばかりの作戦だった。

その後、李在明氏は表現が悪かったと弁解したが、国際社会からの非難にひるんだためだ。もし、世界がこの発言を見落としていたら、あるいはウクライナが簡単に占領されていたら、李在明氏を初めとする韓国人は「無能なウクライナ」を上から目線で見下し続けていたことだろう。

李在明氏がウクライナを侮蔑した頃、韓国はコロナの第5波に襲われており、人口が1000万人以上の国の中で100万人当たりの新規感染者数が世界1位を記録。1日の死亡数も過去最高を更新し始めた。5月10日午前0時段階のコロナの累計死者数は、政府の公式発表でさえ2万3462人にのぼった。一方、同時点の日本の累計死者数は2万9835人だった。いつの間にか政府も国民も「K防疫」という言葉を使わなくなっていた。

# 第２章
# あっという間にベネズエラ

政権与党が「言論の自由」も狙い撃ちに
（「メディア懲罰法」に反対する最大野党「国民の力」の議員たち。
2021年８月19日）

写真：YONHAP NEWS/ アフロ

## 1　三権分立の崩壊が生んだ尹錫悦大統領

「尹錫悦大統領」は韓国の三権分立が崩壊する中で誕生した。原因となった左右対立は激化する一方だ。政権が代わっても民主政治の自壊は続くだろう。

### 「無法時代」を告げた総長懲戒

2020年11月24日、秋美愛（チュ・ミエ）法務部長官は尹錫悦・検事総長に職務停止処分を下したうえ、同氏への懲戒を請求すると発表した。メディアとの癒着や政界への転身希望表明を罪状に掲げたが、政権中枢の不正摘発を狙う尹錫悦総長を捜査から外す狙いは明白だった。

検事総長の職務停止という露骨な捜査への介入に検事らは猛反発。11月30日までに検事総長の職務停止と懲戒に反対する検事が、すべての高等検察庁と地方検察庁に登場した。尹錫悦総長も裁判所に職務停止処分の執行停止を申請、裁判所も法務部監査委員会も処分を認めなかった。前者は「尹錫悦総長の勝訴の場合にも職務停止による損害を回復できない」との理由、後者は手続き上の瑕疵からだ。

12月16日、法務部懲戒委員会が尹錫悦総長に対する停職２カ月の懲戒処分を決め、大統領も直ちに認めた。何としても検事総長を排除したい政権が、懲戒委員会を動かしたのだ。

検事総長に懲戒処分を下すのは韓国でも初めてだった。保守は懲戒委員会の決定は法理上からも手続き上からも無理筋であり、そもそも法務部長官が検事総長を懲戒委員会にかけること自体が検察の中立性を損なうと非難した。

保守系紙も一斉に批判する中、文在寅大統領をヒトラーに見たてる記事が目を引いた。中央日報の「【チョン・ヨンギのパースペクティヴ】尹錫悦への迫害に加勢…『宗教が権力に仕えてはいけない』」（12月17日、韓国語版）だ。

筆者は同社コラムニストのチョン・ヨンギ氏。政治部長、編集局長を歴任した韓国を代表する記者の１人である。事件を「無法時代の幕開け」と規定したうえ、「法は手続きと正当性において疑念を持たれた。［今後、］誰が従うのか」と嘆じた。

## ヒトラーと握手した神学者

チョン・ヨンギ氏が危惧したのは「無法」政権だけではない。それに喜んで従う人々が出てきたことだ。政権が尹錫悦総長の排除に乗り出すと、一部のカトリックの司祭らが追従し「検察改革」を合唱した。

チョン・ヨンギ氏はヒトラーが政権を握ると、その3年前まで全体主義的なナチ党への入党を信者に禁じていたドイツのカトリック教会が180度、態度を変えて禁止令を撤回したうえ「正当な権威への服従」を呼びかけたことと重ね合わせた。記事には「ヒトラーと握手するドイツの神学者」の写真を添えた。

もちろん、宗教界には政権の無法ぶりに反発する人もいた。彼らの声を借りる形でチョン・ヨンギ氏は、文在寅政権の手法はヒトラーの全体主義と通底する、と指摘した。

・カトリックとプロテスタントの人々が行動を共にする。文在寅政権になって始まった民主主義の破壊現象が、ヒトラーのドイツ型全体主義やチャベスとマドゥロのベネズエラ型動員社会主義の要素を一部に持っていると見る何人かの信者により、連帯が始まった。人権と法治、個人の自由と三権分立など、民主主義の基本的な価値を守ろうとの精神を共有する。

一方、政府系紙のハンギョレは社説「初の検察総長懲戒、大統領が率直な説明を」(12月17日、日本語版)で、今回の懲戒委員会の停職処分を「検察に対する民主的統制」と評価した。

それでも「検察の中立性の毀損という一部の懸念に大統領は答えよ」と書かざるを得なかった。政府寄りの左派系紙とはいえ、「三権分立を破壊した」との批判を無視できなかったのである。

## 大統領候補が司法攻撃

12月17日に尹錫悦総長は懲戒処分の執行停止申請と、処分の取り消し訴訟を起こした。12月24日、ソウル行政裁判所は尹錫悦総長への懲戒処分の執行停止を命じた。手続き上の不備を理由に尹錫悦総長に軍配を上げた。

すると翌25日、与党「共に民主党」の李洛淵(イ・ナギョン)代表がツイッターで以下のように主張した。同氏は文在寅政権下で首相を歴任した大物政治家で、当時は与党の次期大統領候補の一人だった。

・大韓民国が司法の過剰支配を受けているとの国民の憂慮が大きくなりました。政治の司法化、司法の政治化が危険な水準に至りました。ため息をつくばかりです。

停職2カ月の懲戒処分は文在寅大統領の裁可を得ている。行政府の長の判断を裁判所がひっくり返したことを理由に「過剰支配」と非難したのだ。

「司法の政治化」とは「政治問題の解決を司法に委ねると、司法が政治に大きな影響力を持つようになる」との意味だ。処分の執行停止を求めた尹錫悦総長への批判だった。

大統領に擬せられる有力政治家が裁判所を攻撃することに驚く人もいるだろう。日本だったら「三権分立を破壊するつもりか」と非難されるに違いない。だが、韓国ではけっこうあることなのだ。

このツイートには直ちに「支持します」「検察は犯人だ。裁判所は共犯だ」など、賛成のリプライが付いた。「ため息ばかりではなく行動に移せ」と判決を下した裁判官の処分を求める声もあがった。

ハンギョレは「執行停止」判決を見越し、司法批判を煽る記事も載せていた。「政治の司法化、いかに防ぐか」（12月23日、韓国語版）だ。

政治部のソン・ハンヨン先任記者はこの記事で「もし、執行停止を裁判所が認めれば、大統領が裁可した懲戒を裁判所が覆すということになる。国民が選出して権力を委任した最高権力者の権威が揺らぐ」との理屈をこねて見せた。

## 日本には「三権分立」と言うくせに

慶北大学のチェ・ハンス教授はハンギョレに寄稿した「今や判事は選挙で選ぶべきか」（12月28日、日本語版）で「裁判所に対する国民の不信が高まった時には、裁判官を選挙で選び直すしかない」と主張した。要は、保守派の裁判官を辞めさせ、左派に差し替えようと呼びかけたのだ。

裁判所批判に乗り出した政権側の人々を、保守系紙の朝鮮日報が揶揄した。自称・徴用工裁判や元慰安婦裁判では、日本に対し「我が国は三権分立を確立しているから判決に介入できない」と言い張るのに、国内では裁判所に圧力をかけているではないか、と指摘したのである。「徐珉、『政権側は三権分立を軽んじ、司法を圧迫』」（12月29日、韓国語版）を要約して引用する。

・徐珉（ソ・ミン）檀国大学教授は12月29日、フェイスブックに「選択的三権分立」というタイトルの文章を載せ「政権側は今や三権分立などは軽く踏みつけ、司法を圧迫する」と評した。

・同教授は「日本企業の強制徴用に最高裁判所が判決を下した際、（政権側は）『三権分立である以上、行政府は干渉できない』と主張した」とも書いた。三権分立を選択的に適用しているとの指摘だ。

**進歩勢力も「ナチスと同じだ」**

注目を集めたのは、韓国では「進歩派」と呼ばれる陣営からも「民主政治を破壊する」と左派政権を非難する人が出たことだ。陳重権（チン・ジュングォン）東洋大学（韓国）元教授である。

韓国の「進歩派」は3種類に分けられる。文在寅政権の中枢を占めた反米親北派、北朝鮮には批判的な社会主義者、そして左右の全体主義に反対するリベラル派だ。陳重権氏はリベラル派の代表的な論客である。中央日報への寄稿「陳重権、『油断するな、ヒトラーも選出された権力だった』」（12月30日、韓国語版）のポイントを訳す。

・最近、彼ら［政権側］がしばしば使うのが「選出された権力」という言葉だ。大統領を憲法以上の存在に格上げし、青瓦台が大韓民国の法律が適用されない治外法権地域と宣言するために使われる。「誰もが法の例外ではあり得ない」という法治主義の原則を全面的に否定する表現である。

・「選出された権力論」を言い募るのは実は、自分たちの権力の正統性を否定するのと変わらない。朴槿恵大統領も「選出された権力」だったが、選出されていない9人の憲法裁判官に弾劾された。それがそんなに不当なことならば、今からでも彼女を監獄から出して、不当に得た（？）政権を返すことだ。

・民主主義の命は三権分立にある。その中で司法はもともと選出されない権力であり、「三権分立」とは選出権力と非選出権力の間の牽制を意味する。故に「選出」されたとの理由だけで大統領が全権を持つということはあり得ない。

・実際、「選出」された後にやりたい放題やった指導者がいた。アドルフ・ヒトラーだ。

ナチ党は文在寅の大統領選挙での得票率よりもわずか2％多く得ただけだ。しかし、1933年3月、その力で「全権委任法」を通過させ、総統に全権を与えた。まさにその日、ドイツの民主主義は終焉を告げたのだ。

陳重権氏も文在寅大統領をヒトラーに例えた。左右を問わず、韓国の知識人たちの危機感が極まったのだ。だが、普通の人は民主政治の崩壊には無関心だった。

**危機感の薄い普通の人**

世論調査会社、リアルメーターが12月16日、尹錫悦総長への懲戒に関する評価を聞いたところ、「重すぎる」と答えた人が49・8％、「軽すぎる」が34・0％、「適切だ」が6・9％だった。

法治国家なら懲戒の軽重ではなく、懲戒の可否が焦点になるはずだが、この世論調査は聞いていない。また、「軽重」に関する答を見ても、「軽すぎる」と「適切」を足すと40・9％。「重すぎる」の49・8％とさほど変わらない。

左派の人々の目には「民衆を弾圧してきた検察のトップ」への懲罰は痛快な出来事と

映ったのだ。保守が「法治が崩壊する」といくら警鐘を鳴らしても、左派の耳には「独裁権力下で利権を享受していた連中の悲鳴」としか聞こえない。

多くの韓国人は「日本よりも立派な民主主義を実現した」と信じている。ことに1987年の民主化の目標が、独裁政権に有利な大統領の間接選挙制から直接制への変更だったことが裏目に出た。

選挙制度を正して民主主義を実現したと誇るあまり、「選挙で選ばれた権力者が独裁政権に変身する」という事実に目が行かないのである。だから、チョン・ヨンギ氏も陳重権氏も、その元祖たるヒトラーを持ち出して警告を発したのだ。

## 選挙で選ばれた権力が独裁化

2018年に出版された『How Democracies Die』という本が「選出された権力の独裁化」を指摘した。日本のメディアではこの本の紹介はあまり見かけないが、韓国メディアはしばしば引用する。身につまされるからだろう。

著者はS・レビツキー（Steven Levitsky）、D・ジブラット（Daniel Ziblatt）という2人のハーバード大学教授。日本語版である『民主主義の死に方』の21―22ページから引用する。

・今日の世界では、ファシズム、共産主義、あるいは軍事政権などによるあからさまな独裁はほぼ姿を消した。軍事クーデターやそのほかの暴力的な権力の奪取はきわめてまれであり、ほとんどの国では通常どおり選挙が行なわれている。

・それでも、民主主義は別の過程を経て死んでいく。冷戦後の民主主義の崩壊のほとんどは、将軍や軍人ではなく、選挙で選ばれた政治家が率いる政権そのものによって惹き起こされてきた。

・ベネズエラのチャベスのように、選挙で選ばれた多くの指導者が民主主義の制度を壊してきた。ジョージア（旧グルジア）、ハンガリー、ニカラグア、ペルー、フィリピン、ポーランド、ロシア、スリランカ、トルコ、ウクライナ……。

「選挙で選ばれた独裁体制」の隊列に韓国はまだ、入れられていない。しかし改訂版が出れば、文在寅氏の名がチャベス氏と並ぶかもしれない。2022年の大統領選挙に当選していたら、李在明氏もチャベス氏、あるいはその後継者のマドゥロ大統領になぞらえられていたかもしれない。韓国はこの本が指摘する「民主主義の崩壊」の典型的なパターンをたどっているからだ。

**崩壊は罵倒から始まる**

「選出された政権の独裁化」という大筋だけではない。細部に関しても、韓国の今はこの本の描く「独裁国家への道」に実に似ている。

2人の著者は「民主主義の崩壊は罵倒から始まる」と言う。「罵倒」は競合する政党を正当なライバルではなく、共存できない敵と見なす象徴だ。第4章「民主主義を破壊する」の103―109ページを要約する。

・権力者を国家の敵と決め付け、選挙で勝とうとする扇動勢力が登場する。権力者が選挙に負け野に下ると身の危険を感じ、抗議集会やクーデターで新政権を倒そうとする。独裁者の卵はこうした攻撃を深刻な脅威と捉え、敵対心をさらに募らせる。

・扇動家出身の新たな権力者は議会や裁判所の牽制を受け入れることができない。そこで司法や法執行機関、諜報機関、税務機関、規制当局など中立的な仲裁機関を抱き込む。わが身を守るだけではない。政争相手に対する武器としても利用する。

まさに韓国だ。文在寅氏ら左派は朴槿恵大統領を国民の敵と規定、大規模集会を開いて国会に弾劾させた。その勢いに乗って2017年の大統領選挙で勝った後は「積弊清算」を掲げ、保守派の大統領2人を監獄に入れた。野に下った保守は政権を倒すべく大衆集会を計画した。だが、政権側は新型コロナの流行を奇貨として集会を禁止。さらに最高裁判所長官を政権に極めて近い左派に取り換え、保守派の裁判官も検事も追い出した――。

S・レビツキー教授らが2016年以降の韓国を見たら「選出された政権の独裁化」の絵に描いたような具体例が、ここにも登場したと自信を深めることだろう。

### 「憲政の常道」の芽を摘む

両教授は民主主義を維持するには制度だけでなく、運用面も重要と訴えた。ここを読んでも「韓国の今」に思い至る。第5章「民主主義のガードレール」の132ページから引用する。

・民主主義には明文化されたルール（憲法）があるし、審判（裁判所）もいる。しかし、それらがもっともうまく機能し、もっとも長く生き残るのは、明文化された憲法が独自の不文律によって強く支えられている国だ。
・このようなルールや規範は民主主義の柔らかいガードレールとして役に立ち、政治の世界の日々の競争が無秩序な対立に成り果てることを防いでくれる。

「柔らかいガードレール」とは、日本語で言えば広い意味での「憲政の常道」だろう。1987年の民主化前後に韓国に在勤した筆者は、おりに触れこの言葉を思い出した。民主化直後、韓国の政界が困惑したのは、小さな問題でも与野党間でなかなか調整がつかず、問題が片付かないことだった。それまでは強権的な政権が仕切っていたから、調整という発想がなかったのだ。

法律にすべてのルールが明記されているわけではない。そこで韓国の政界は調整を円滑に行うための不文律を手探りで作っていった。例えば、国会の常任委員会の委員長ポストをどう配分するか、である。民主化以前は政権側の多数党が当然のように独占していた。政権の指示の下、与党が採決に踏み切れば法案はすべて通った。

しかし、それでは少数意見がまったく反映されない。そこで日本の国会などを参考にして、議席に応じて野党にも委員長ポストを配分するとの不文律ができた。1990年代初めのことである。

野党は委員会の段階で法案成立にある程度の歯止めをかけることが可能になった。先に引用した「政治の世界の日々の競争が無秩序な対立になり果てることを防いでくれる」ガードレールである。

韓国にも「憲政の常道」が根付き始めたと思ったものだ。しかし、30年たった2020年4月、国会議員選挙で6割の議席を得た与党「共に民主党」は慣例を無視して委員長ポストを独占、国会運営は与党のなすがままになった。「憲政の常道」はものの見事に破壊されたのである。2021年7月、「共に民主党」は慣例に復帰して野党第1党の「国民の力」にも委員長ポストを分け与えたが、公捜処設置法など自らに有利な法案を通した後のことだった。

## 指揮権を3回発動

2020年、秋美愛法務部長官は検察への指揮権を3回発動した。部下の検事に対し捜査に関する指示をしないよう、尹錫悦総長の権限を奪ったのだ。当時、検察は私募債発行に絡む政界・官界工作事件や、尹錫悦総長に近い検事の「不正」を捜査中だった。それらの事件を担当する政権寄りの検事が動きやすくするためと見なされた。

民主化前、韓国の検察は政権の意のままに動くのが当たり前だったので指揮権は不要だった。民主化後は検察の権力からの独立が謳われ、検察庁法の「法務部長官は具体的な事件に関しては検事総長だけを指揮・監督する」との条項が生きるかに見えた。

２００２年に青瓦台が金大中（キム・デジュン）大統領の子息を在宅のまま捜査するよう求めた際、当時の法務部長官は拒否した。２００５年、盧武鉉（ノ・ムヒョン）政権の法務部長官が左翼の政治犯を在宅で起訴するよう指示した。検事総長は屈したが、抗議の意思を示すため辞任した。さらなる指揮権発動に歯止めをかけようとしたのだ。文在寅政権以前に指揮権が発動されたのはこの１件だけで、韓国にも「指揮権は存在するが簡単には発動できない」との不文律らしきものが根付きかけていたのだ。

１９５４年、日本の犬養健法相が造船疑獄に絡んで指揮権を発動。これには与党、自由党からも「三権分立の破壊」との批判があり、法相は直ちに辞任した。この後、日本には「指揮権発動には内閣を潰す覚悟が要る」との共通認識が定着した。

尹錫悦検事総長に懲戒処分を下した後、秋美愛法相は辞意を表明した。しかし、指揮権発動など「法治破壊」の責任をとったわけではなかった。検事総長を辞めさせるための呼び水にする狙いと見なされた。韓国に芽吹きかけていた「憲政の常道」は、ここでも一気に潰えたのである。

## 尹錫悦検察の虐殺、そして報復

2021年1月、政権幹部のスキャンダルや青瓦台による釜山市長選挙介入事件を捜査していた最高検幹部ら32人を法務部は一気に交代させた。ほとんどが尹錫悦総長に近い検事だった。保守系紙は「尹錫悦検察の虐殺」と報じた。

同年3月、尹錫悦氏は2年間の任期を4カ月残して検事総長を自ら辞めた。そして野党「国民の力」に担がれ、2022年3月の大統領選挙に出馬し当選した。退任後の朴槿恵氏の起訴を手掛けて文在寅政権に見出され検事総長に起用されたぐらいだから、尹錫悦氏は「左」の人と見なされていた。

だが、自分をいじめ抜いた文在寅一派に復讐するには保守から出馬して大統領になるしかなかった。選挙期間中、中央日報のインタビューに答え、当選後の文在寅政権の積弊清算と自身に近い検事の起用を公言した。左派への報復を予告したのだ。

大統領に就任した尹錫悦氏は5月17日、野党の反対を押し切って側近の韓東勲（ハン・ドンフン）検事を法務部長官に任命。前政権に近い検事は一斉に左遷され、後釜には尹錫悦派の検事が座った。

韓国の民主政治は文在寅政権下で一気に崩壊した。「柔らかいガードレール」が消滅しただけではない。三権分立の制度も壊れた。極めつけは公捜処の発足と検察からの捜査権剥奪である。それは次の節で詳述する。

## 2　永久執権目指し「ゲシュタポ」設立

韓国に検事や裁判官を監視する大統領直属の組織「公捜処」ができた。司法掌握により権力維持を狙う左派が作った。保守は「ゲシュタポになる」と抵抗したが押し切られた。

### 検事や裁判官の家族も標的

２０２１年１月21日——。後世に書かれる韓国史には「三権分立が崩壊した日」と記録されるかもしれない。この日に公捜処が発足したからだ。

文在寅政権は「政府高官の不正腐敗を徹底的に追及する組織」と謳った。だが保守は検事の捜査を邪魔し、裁判官ににらみをきかせて政権の要人を法網から逃がす防御装置と見切った。本当の狙いは正反対なのだ。

公捜処が捜査の対象とする「政府高官」は大統領や首相を含む上級の国家公務員、国会議員、将官級以上の軍人、地方自治体の首長と、それらの家族だ。司法関係者にはさらなる権限を振るう。最高裁長官をはじめとする裁判官、検事総長以下の検事、警察幹部と、それらの家族に対しては捜査権に加え起訴権も持つ。

公捜処の攻撃能力は高い。捜査対象の犯罪には設立趣旨である「汚職摘発」とはかけ離れた職権乱用、職務遺棄、秘密漏洩など、適用範囲が不明確なものも入っている。政権に従わない政治家や官僚、軍人に対し、罪をでっちあげて起訴することも十分に可能だ。

韓国は法治国家を自認するが、日本や欧米の水準とは大きく隔たる。検察は法律を極めて恣意的に適用し、思うままに起訴する。２０１４年、産経新聞ソウル支局の加藤達也記者が朴槿恵大統領に対する名誉毀損で起訴され、出国停止処分を受けた事件が典型だ。朝鮮日報を引用した記事が訴えられたのに、朝鮮日報はまったくのおとがめなしだった。

当時、中央日報は社説で「加藤記者と産経は普段から度が過ぎる嫌韓報道で批判されていた」と、容疑とは関係のない理由を掲げ、起訴を正当化した（『米韓同盟消滅』第3章第4節）。メディアを含め、韓国社会全体に法治意識が希薄なのである。法律は個人を守るためではなく、権力者が力を振るうために存在すると韓国人は考えている。

保守は検察の上に君臨する公捜処を「文在寅のゲシュタポ」と呼んだ。リベラル派の長老で政治学者の崔章集（チェ・チャンジプ）高麗大学名誉教授も「反対党の人々や政治的な批判者に対し公的、私的な制裁を加え得る」「強力な大統領に、さらに莫大な権力を与える」「大統領の専制化を制度として定着させる可能性がある」と口を極めて批判した。２０２０年６月発表の論文「再び韓国の民主主義を考える　危機と対案」（韓国語）から引用した。

### ２０３０年まで「左派の牙城」

公捜処の設置法は２０１９年12月30日、左派の与党「共に民主党」による強行採決により国会を通った。しかし、保守系野党の抵抗で公捜処のトップである「処長」を決められず、組織も動き出せないでいた。

処長を決める推薦委員会は、野党が推す２人を含む７人の委員で構成する。ただ、当初の設置法は「６人以上の同意が必要」と定めていたので、野党はそれを利用して発足を阻止したのだ。

そこで与党は「５人の同意があれば良い」とする改定案を提出し、２０２０年12月10

日に強行採決、可決した。年が明けると直ちに与党の推す処長候補を文在寅大統領が裁可、公捜処は2021年1月21日に正式にスタートした。

公捜処の検事も文在寅政権の息のかかった弁護士らで占められた。処長の任期は3年間だが、検事の任期は9年間。2022年の大統領選挙で保守が政権を奪還しても、2030年まで公捜処は左派の牙城であり続ける、との目論見だった。

公捜処の設立が決まった翌日の2020年12月11日、保守系紙の朝鮮日報は社説「民弁検察の公捜処、政権が代わっても文政権の捜査を防ぐ『歯止め』に」(韓国語版)でそこを突いた。

見出しの「民弁」とは左派の弁護士団体「民主社会のための弁護士の集まり」を指す。この社説は、公捜処は民弁が主導していると指摘し、それが故に文在寅大統領が退任後に起訴されることはない、と断じた。

### 捜査権を取り上げ独占

左派が巧妙だったのは、公捜処以外の法執行機関から、高官に対する捜査・起訴権を事実上、取り上げたことだ。検察や警察も依然として政府高官の不正を捜査できる。だが、他の機関が捜査を開始した際にはすぐに公捜処に報告する義務を課したうえ、公捜処が手掛けると決めた事件は捜査を引きとれると定めた。要は、政府高官の不正腐敗事件は、大統領が直轄する公捜処がすべて処理することが可能になったのである。

公捜処が捜査対象とする「政府高官」には「退任後の高官」も含む。2022年の大統領選挙で保守に政権が交代し、検察を使って退任後の文在寅氏やその側近の捜査に動いても、「身内」の公捜処が事件を横取りしてもみ消す仕組みを予め作ったのである。

韓国の大統領の多くが退任後に検察に起訴された。李明博、朴槿恵という保守の大統領経験者も起訴・収監された。2人を監獄に送った文在寅政権は当然、保守の側から大きな恨みを買った。報復は必至と考えられていたので、文在寅大統領はわが身を守る防波堤が必須だったのだ。

仮に、2022年の大統領選挙で左派の李在明氏が勝っていても、公捜処は無駄でなかったと文在寅氏は考えただろう。李在明氏と文在寅氏は関係が極めて悪い。「李在明大統領」から身を護る盾としても、公捜処は必要不可欠だったのである。

もちろん、公捜処に捜査されても有罪になるとは限らない。裁判官の中には司法の独立を守ろうと考える人もいるからだ。だが、公捜処の設置規定はここでも効いてくる。

## 図表③　韓国歴代大統領の末路

| | |
|---|---|
| **李承晩**<br>1948年7月～1960年4月 | 不正選挙を批判され下野、ハワイに亡命（四月革命）。退陣要求のデモには警察が発砲、全国で183人死亡 |
| **尹潽善**<br>1960年8月～1962年3月 | 軍部のクーデターによる政権掌握に抗議して下野。議院内閣制の大統領で実権はなかった |
| **朴正熙**<br>1963年12月～1979年10月 | 腹心のKCIA部長により暗殺。1974年には在日韓国人に短銃で撃たれ、夫人の陸英修氏が殺される |
| **崔圭夏**<br>1979年12月～1980年8月 | 朴大統領暗殺に伴い、首相から大統領権限代行を経て大統領に。軍の実権掌握で辞任 |
| **全斗煥**<br>1980年9月～1988年2月 | 退任後に親戚の不正を追及され隠遁生活。遡及立法で光州事件（1980年）の責任など問われ死刑判決（後に恩赦） |
| **盧泰愚**<br>1988年2月～1993年2月 | 退任後、全斗煥氏とともに遡及立法により光州事件の責任など問われ、懲役刑判決（後に恩赦） |
| **金泳三**<br>1993年2月～1998年2月 | 1997年に次男が逮捕、懲役2年判決。罪状は通貨危機を呼んだ韓宝グループへの不正融資関与 |
| **金大中**<br>1998年2月～2003年2月 | 任期末期に3人の子息全員が斡旋収賄で逮捕 |
| **盧武鉉**<br>2003年2月～2008年2月 | 退任後、実兄が収賄罪で逮捕。自身も2009年4月に収賄容疑で検察から聴取。同年5月に自殺 |
| **李明博**<br>2008年2月～2013年2月 | 2018年3月に収賄、背任、職権乱用で逮捕。2020年10月29日に懲役17年、罰金130億ウォン、追徴金57億8000万ウォンの刑が最高裁で確定した。韓日議員連盟会長を務めた実兄も斡旋収賄などで逮捕、懲役2年 |
| **朴槿恵**<br>2013年2月～2017年3月 | 2017年3月10日、弾劾裁判で罷免宣告。収賄、職権乱用などで2017年3月31日に逮捕。2021年1月14日の最終審で、他の判決を含め懲役22年、罰金180億ウォン、追徴金35億ウォンが確定。2021年12月31日未明に恩赦 |

すべての裁判官とその家族が公捜処の捜査・起訴対象だ。そのうえ、適用される罪には情報漏洩といったでっち上げしやすいものも含まれる。家族の安全を考え、公捜処の手掛けた事件では政権の怒りを買う判決は避けようと考える裁判官が出ても不思議ではない。

左派系紙のハンギョレでさえ「公捜処の捜査対象は7000余人…まずは検事の不正に集中か」（2020年12月11日、韓国語版）で、「捜査対象7000余人のうち、裁判官が3000余人ということから、公捜処が裁判官の査察機関に転落しうるとの懸念もある」と書いた。

## 裁判所も左傾化

そもそも裁判官の選別が進み、左派色が濃くなったとされる。文在寅政権時代に保守と見なした裁判官は検察が取り調べるなど嫌がらせをしたためだ。朝鮮日報が「エリート判事、80余人が辞表提出、裁判所はショック」（2021年1月21日、韓国語版）で報じた。要点を翻訳する。

・［2021年］2月の定期異動を控え、1月20日までに辞表を提出した裁判官が80人を超えた。史上最大の規模という。司法研修所の首席修了者らエリート判事が多数含まれている。
・80人のうち、20人程度は裁判所長か高裁の部長判事で、全体の134人中の14％に相当する。これまた前代未聞の出来事だ。
・裁判官「大脱出」の原因は、文在寅政権下で裁判所の要職を左派が独占するようになったことと、裁判官の信任投票を経ないと裁判所長に就任できなくなったという、人事上の不満からだ。
・文在寅政権の「積弊清算」のスローガンの下、朴槿恵政権当時に中核ポストを占めた裁判官100人超が職権乱用罪で検察の取り調べを受けた。最近、彼らの相当数が大手弁護士事務所に移った。

## 「選挙法改正」で釣られた中小政党

「政府高官の不正・腐敗を暴く」はずの公捜処が、気が付けば「政権が司法を隷属させる」装置になった。「権力の乱用を防ぐ」はずが、「権力を強化する」ことになったのだ。

三権分立を毀損する公捜処の設置に反対はなかったのだろうか。

標的にされる保守は全力で抵抗した。法案が通過する直前、「国民の力」の前身で当時、野党第1党だった自由韓国党は代表の断食など街頭闘争を繰り広げた。最大手紙の朝鮮日報は連日のように社説で「公捜処はゲシュタポになる」と警告を発した。

与党「共に民主党」にも公捜処に疑問を持つ議員が複数いた。朝鮮日報の「【記者の視覚】非民主的な民主党」（2020年1月3日、韓国語版）が報じた。

自由韓国党が無記名投票での採決を求めたのも、彼らの良心に期待したからだ。ただ結局は記名投票となり、与党からの反対票は1票しか出なかった。この反対票を投じた議員は党内から袋叩きにあったとされる。

国会では野党第2党で中道右派を標榜する正しい未来党、急進左派の正義党、全羅南北道を基盤とする左派の民主平和党、そこから分かれた「代案新党」なども議席を持っていた。当時、「共に民主党」の議席は過半数を割っていたので、これら4政党が反対したら「公捜処設置法」は通らなかった。

そこで「共に民主党」は2020年4月の総選挙を前に、小選挙区での得票数が少ない中小政党を比例区で優遇する法案を提示。この選挙法改定を餌に4政党を抱き込んで

「公捜処設置法」に賛成させた。韓国の政治家たちは党派間の争いに没頭するあまり、国益を顧みなかったのだ。

２０２０年12月の公捜処設置法の改定案――野党から処長を決定する際の拒否権を剝奪する――は同年4月の総選挙で「共に民主党」が勝って過半数を得ていたうえ、常任委員会の委員長も与党が独占していたので、通過にそれほどの困難はなかった。

## 世論調査では賛否半ば

文在寅政権は国民も抱き込むために、公捜処設置を「検察改革」というオブラートでくるんだ。保守も含め、韓国人には「検察は改革すべき対象」との思いが強い。

１９４８年の建国以来、司法は青瓦台の手先だった。歴代政権は政敵を倒すため、検察に容疑をでっちあげさせて起訴した。裁判所も政権に忖度して有罪を下し監獄に放り込んだ。

検察は政権の不正を暴くこともなかったので、権力を握った側はやりたい放題だった。１９７６年7月、自民党を支配していた田中角栄氏が逮捕された時、韓国人から「やはり先進国は違う」と感嘆の声が一斉に漏れたものだ。

1987年の民主化を機に司法の独立が叫ばれた。「先進国になるために必要」と考えられたのだ。だが、保守政権は「手下」たる検察を手放すのに消極的だった。左派政権は検察改革を唱えたが、組織としての中立化よりも左派の検事を引き立てるのに熱心だった。

2017年5月にスタートした文在寅政権も検察改革を掲げた。初めは日本のように、警察にも検察から独立した本格的な捜査権を与えるといった常識的な改革になると見られていた。それがいつの間にか「保守の牙城」検察の力を弱めたうえ、左派が司法を牛耳る装置である公捜処の発足にすり替わった。

世論調査でも公捜処設置に関しては賛否が半ばした。後進国の象徴たる検察は改革の対象にすべきと考えた人がかなりいたのだ。保守メディアが「公捜処は三権分立を破壊する」といくら危険性を指摘しても、積極的な反対運動は起きなかったのもそのためだ。

## 五輪開催に向け妥協

そもそも、韓国人は「行政、立法、司法が牽制し合う」という仕組みになじんでいない。大統領を出した側が全ての権力を握る、との発想が社会にしみ渡っている。権力を獲得できなかった側は激しく政権を批判するが、自分の権利を守るのに司法に期待はせず、「次は自分が権力を握る」ことに注力してしまう。

１９８７年の民主化により権威主義的な体制が否定され、三権分立が謳われた。しかし、それは制度的にも意識の上でも根づいてはいないのである。

ただ民主化当時は、30年後に民主政治の仕組みが壊れるとは誰も想像していなかった。時間はかかるにしろ、次第に日本のような安定した政治システムが定着すると、多くの人が何となく信じていた。

１９８８年のソウル五輪を前に韓国は保守と進歩が激しく対立、あわや五輪開催国の地位を返上する瀬戸際に追い込まれた。窮地を脱するために、強権的な政権を運営していた保守が進歩に対し譲歩し、直接選挙制を受け入れた。

当時の一部の指導者は妥協の重要性に気が付いていた。進歩派の意見も積極的に取り込んでこそ、保守も政権を握り続けることが可能になると考えたのだ。日本型の国対政治の導入を公言する保守の政治家も登場した。

１９９０年の保守３党の合同も日本の55年体制を強く意識したものであり、党名も自由民主党と似た「民主自由党」であった。立役者の一人、金鍾泌（キム・ジョンピル）氏が韓国のテレビ番組で、自分の党を「自民党」と誤って呼んだこともある。

## 「韓国の55年体制」が崩壊

民主政治が自壊したのは「韓国版55年体制」の崩壊がきっかけだ。1998年に初めて進歩派の金大中政権が執権した時、保守派は報復に身構えた。ただ、金大中大統領は保守の金鍾泌氏と提携するなど、左右対立が表面化しないよう努めた。だが、金大中政権を引き継いだ左派の盧武鉉政権時代には、大統領弾劾が発議されるなど左右の対立が激化。盧武鉉氏は大統領を退任後、次の李明博政権の捜査対象となり、自殺の道を選んだ。

盧武鉉氏の盟友、文在寅氏が大統領に就任すると、直ちに保守に対する報復に乗り出した。文在寅政権は2人の前職大統領を監獄に送っただけではない。朝鮮日報の楊相勲（ヤン・サンフン）主筆の「懲役合計100年『積弊士禍』の陰の理由」（2018年3月22日、韓国語版）によると、この記事が書かれた段階で保守政権時代の官僚ら110人が起訴され、うち60人弱が拘束された。長官・次官級だけで11人が収監された。退任したばかりの最高裁長官も例外ではなかった。辱めに耐えられず、自殺した元高官も多い。

下野すれば政治的にも肉体的にも死を意味しかねない時代に突入した。左派は永久執権を公然と謳うようになり、指揮権発動や公捜処設置といった三権分立の破壊に突き進んだ。

文在寅政権は退任直前に法律を変え、検察から汚職と経済以外の犯罪の捜査権を奪った。報復を誓う尹錫悦政権下では、文在寅氏をはじめ左派政権時代の幹部が牢屋に送られる可能性がさらに増すと判断。公捜処という「盾」だけでは不安になり、保守の牙城である検察の牙を完全に抜いたのだ。検察に代わって捜査を仕切ることになる警察に対しては、権力を拡大してくれた左派に忠誠を見せるとの期待を持つ。

### 蘇るKCIAの記憶

2021年末、動きだして1年にもならない公捜処は再び「ゲシュタポ」と非難された。当時、「国民の力」の大統領候補だった尹錫悦氏や、同党議員の個人データを通信会社に照会していたことが露見したからだ。

韓国では犯罪捜査のためなら裁判所の許可なしの照会が可能だが、同党の105人の議員中88人が対象となるなど範囲があまりに広く、政府と対立する人々への査察が目的だと疑われた。

さらに、韓国紙の記者160人以上と、複数の日本メディアの韓国人記者、保守的な大学生の個人データも照会されていたことが判明し、批判に油を注いだ。

李承晩政権から金大中政権に至るまで、韓国の情報機関は堂々と国民の電話を盗聴していた。公捜処が照会したのは住所や住民登録番号とされ、通話を盗聴していたわけではない模様だ。

これが社会的な問題になる中、公捜処以外の捜査機関も熱心に照会していることも判明した。2021年上半期の照会件数は警察が187万7582件、検察が59万7454件、国家情報院が1万4617件だった。

KCIA（中央情報部）が盗聴から拷問まで、平気で人権を侵害していた「昔の暗い時代」を思い出す人もいた。公捜処は「左派の検察」になるだけではなく、「左派のKCIA」になるのか――。

左右の戦いが激しくなるに伴い、民主政治のルールは壊れる一方だ。韓国の内部対立はこれまでとは異質の次元に入った。「韓国人のいつもの内輪もめ」と見過ごすわけにはいかないのだ。

## 3「メディア懲罰法」で言論の自由も放擲

韓国の左派がメディアを懲罰する法の導入を図った。何人もの犠牲者を出してようやく民主化に成功した国が、今になって独裁時代に戻るのはなぜか――。

### 国連も世界新聞協会も批判

2021年8月25日未明、韓国国会の司法委員会で与党「共に民主党」が「言論仲裁法」を強行採決した。新聞はもちろん野党も、国連など国際社会も言論の自由を侵害する「メディア懲罰法」であるとして厳しく批判した。

厳密に言えば、「共に民主党」が目指したのは「言論仲裁および被害救済等に関する法律」の改定だ。虚偽報道による被害者を救済するため2005年に制定された法律を、メディアに懲罰的な罰金を科せるよう変えるのが狙いだ。

新たに設けるのは「損害額の5倍を超えない罰金を科す」との条文だ。「5倍の上限」とあるので抑制的に見えるが「損害額」の認定次第で、天文学的な罰金額にのぼる可能性がある。

そもそも「虚偽報道」の定義が不明確なうえ、報道被害を認定するのは文化体育観光部という役所の傘下にある言論委員会だ。この法律が成立すれば、メディアが報道に消極的になるのは間違いない。仮に、報じた内容が正しくても政治家など書かれた側が「報道被害」と言い募れば、会社がつぶれるほどの罰金を科されかねないのだ。

西側の先進国で、こんな〝メディア懲罰法〟を持つ国はない。それだけに国際社会も驚き、こぞって非難した。国連人権高等弁務官事務所（OHCHR）は文在寅政権に懸念を表明。世界新聞協会（WAN）、国際ジャーナリスト連盟（IFJ）、ソウル外信記者クラブ（SFCC）など世界の報道団体も法案の廃棄を求めた。

韓国の政界でも「共に民主党」以外はすべて——保守の「国民の力」、中道の「国民の党」、左派の「正義党」もこの法案に反対した。新聞業界でも保守の朝鮮・東亜・中央だけでなく、政権に近いハンギョレさえも反対した。

**誤報が多いから政府が指導**

朴正熙（パク・チョンヒ）政権時代の1974年から翌年にかけて「東亜日報白紙広告

事件」が起きた。政権に批判的な東亜日報に広告を出さないよう、政府が企業に圧力をかけたのだ。

広告欄が真っ白という異様な新聞を出さざるを得なくなった東亜日報は経営が急速に悪化。結局、反政府的な記者らを解雇して政権と手打ちした。

会社を追い出された記者らは１９８７年6月の民主化後に「ハンギョレ」を創刊した。文在寅政権の重大なスキャンダルも報じなかったハンギョレは左派の御用新聞と揶揄される。それでも「メディア懲罰法」に反対したのは、言論弾圧に抵抗した遺伝子が残っているからかもしれない。

民主化まで、韓国の新聞・放送は政権に都合の悪い話は一切、報じることができなかった。新聞社は印刷する前にゲラ刷りを当局に提出する義務があった。厳しい検閲をいかに誤魔化して「国民に伝えたいこと」を書くか、当時の記者は小さな声で教えてくれたものだ。韓国は絵に描いたような独裁国家だったのだ。

おりしも東西冷戦の最中である。メディアを担当する政府高官に「新聞を検閲するなんて、共産圏と変わらないではないか」と聞いたことがある。答えは「ご存じの通り、韓国の新聞は間違いだらけ。政府が指導し、正してやる必要がある」だった。民主化して34年もたった時、再び「誤報」を理由に韓国政府は言論の自由を踏みにじろうとしたのである。

1987年までの独裁政権は外国メディアは検閲しなかったものの、気に入らないことを書いた特派員はどんどん追放した。威嚇のため、ソウル支局には情報機関員が日常的に出入りした。2021年の「メディア懲罰法」に関し、「共に民主党」は「当然、外国メディアも対象に含まれる」と発表した。

**退任後の監獄逃れ**

世界中から非難されるような法案を与党はなぜ、押し通そうとしたのだろうか。文在寅大統領が退任後に監獄に送られるのを避けるため、との見方が一般的だ。中央日報は社説「メディア懲罰法の強行採決、歴史が審判する＝韓国」（2021年8月26日、日本語版）で以下のように書いた。

・文大統領はメディア懲罰法の直接受恵者になりうる。来年［2022年］、誰が政権を取ろうとも、これまで押さえ込んでおいた権力型不正が溢れ出るはずだが、文大統領が「そうした報道への規制を」この法に委託したいと思うはずだ。

民主化後の韓国では、政敵を倒す際にメディアを使ってスキャンダルを暴くのが常套手段となった。朴槿恵大統領は怪しげな友人を国政に関与させたと報じられ、これをきっかけに弾劾を受ける羽目に陥った。

盧武鉉氏は大統領を退任後、親戚や側近、最後は本人までが収賄などの容疑で調べられた。追い詰められた盧武鉉氏は自殺した。この過程でも保守系紙の報道が疑惑を煽った。

当然、文在寅大統領も退任後の「辱め」対策に全力を挙げた。検察で大規模の人事異動を実施し、保守派の検事を幹部から外した（第2章第1節）。

それでも安心はできない。次の政権の人事異動で、反・文在寅派の検事が幹部に返り咲く可能性がある。そこで元職を含む政府高官に関しては検察から捜査権を奪った。同時に、高官を専門に捜査する公捜処を設置、自分の息のかかった処長と検事で固めた（第2章第2節）。

## 世論が裁判官

これでもまだ、安心できない。「文在寅はけしからん」と世論が燃え上がれば、公捜処も寝返るかもしれない。盧武鉉氏が自殺した後、それに同情した世論が李明博政権と検察批判に回り、検事総長が辞任に追い込まれたこともある。韓国では世論が裁判官である。結局、退任後の文在寅氏が監獄行きを完全に避けるには、メディアも抑え込む必要があったのである。

ただ、予想外に激しい先進国からの批判に文在寅政権はたじろいだ。「メディア懲罰法」は2021年8月30日の国会本会議で採決される予定だったが持ち越され結局、9月29日に与党は「2021年内の法案提出の断念」に応じた。

文在寅大統領は9月23日、ニューヨークから帰国する飛行機の中で、メディアや市民団体、国際社会から問題が指摘されているとの理由で「十分に検討する必要がある」と語り、いったんは引く姿勢を示唆していた。米政府から何らかの警告があったのかもしれない。

「メディア懲罰法」は棚上げされただけだから、いつ復活するか分からない。誰が大統領になろうと、監獄には行きたい人はいない。退任後のことを考えれば成立させたくなるだろう。

保守が政権をとっても同様だ。左派も保守の「本音」を見透かした。2021年8月20日「共に民主党」の宋永吉（ソン・ヨンギル）代表は「国民の力」に向かって「一生、野党だけするつもりか」と言い放った。「政権党になれば実に便利な法律なのだから、賛成したらどうか」と持ちかけたのである。

「メディア懲罰法」だけではない。法務部長官の指揮権発動、「ゲシュタポ」と揶揄される公捜処の設立……。激しい左右対立の中、韓国の民主政治は音をたてて崩れた。あれだけ苦労して独裁体制から脱したのに、実にあっけない幕切れだった。

## 料金を受け取らなかった運転手

韓国の民主化は、多くの人々の犠牲の上に成り立っている。1987年の民主化闘争だけをとっても、警察の拷問でソウル大学の学生が殺され、催涙弾の水平射撃で延世大学の学生が死んだ。

当時、デモ現場に行くためタクシーに乗ると、料金を受け取ろうとしない運転手氏がかなりいた。「韓国の新聞はデモを1行も書けない。代わりに日本の新聞が我々の思いを世界に伝えて欲しい」というのだった。

民主化が宣言された1987年6月29日、それを求めていた人々はもちろん、左派の台頭を懸念する人でさえ喜びを隠さなかった。「自由にものが言える」安心感は何ものにも代えがたかったのだ。

それまで、喫茶店で雑談を交わす際も話題が少しでも政治に及ぶと、後ろを振り返りながら小声で語るのが普通だった。情報機関員があちこちで耳を澄ませていたからである。

電話をかけてくる際に名のる韓国人は少なく、「私だがね」で始まるのが普通だった。誰か分からずにこちらが困惑すると、自宅か事務所の町名を言って名のりの代わりにした。盗聴されるのが当たり前だったのだ。

### 拷問がなくなれば民主化？

というのに、「メディア懲罰法」に対する国民的な反対運動は起きなかった。世論調査を見ても「賛成」と「反対」はほぼ半々。敢えて言えば「やや賛成の方が多い」調査結果が目立った。

韓国人のメディア不信が日本人と同様かそれ以上だからだろう。「記者（キジャ）」という韓国語に「ごみ（スレギ）」を足した「キレギ」という表現がネット上で定着した。日本語の「マスゴミ」に相当する。いい加減なことを書き散らす「キレギ」を憎む人々は、メディアは天文学的な罰金で懲らしめてやればいい、と考える。

言論の自由は民主政治の基本である。ただ、今になって考えると、１９８７年の韓国の普通の人々は西欧型の民主政治を実現したいとの熱望から「民主化」を叫んだわけではなかったように思える。真の原動力は、政府が学生をいとも簡単に殺し、たわいもない政府批判さえ言うに言えない、陰鬱な空気への反発だったのではないか。

韓国の本質と韓国人の心の揺らぎを見つめ続けた田中明氏は、１９８７年の政変を民主化とは呼ばずに「軍人から文人が権力を取り戻した事件」と評していた。

李朝以来、文人が握っていた権力を朴正煕がクーデターで奪った。文人は今、ようやくそれを取り戻した――との構図で見とったうえ、韓国政治の本質に変化はない、と見切ったのだ。

当時の「民主化勢力」が今になって平気で民主政治を破壊するのを目の当たりにすると、田中明氏の慧眼には驚かされる。世界中の人が「韓国は民主化した」と称賛していたのだ。

京都府立大学の岡本隆司教授は筆者に「韓国人は『民主主義』を政治の在り方ではなく、倫理道徳ととらえがちだ」と解説した。この見方に立てば、1987年当時の「民主化勢力」は軍人政権から権力を奪うために、「民主主義」という正義の御旗を掲げたに過ぎなかったということになる。

ともあれ今や、拷問も新聞の検閲もなくなった。喫茶店で政治を語る時に後ろを振り返る必要もない。「これで十分ではないか」と思う韓国人は「『キレギ』の報道の自由など自分とは関係ない」と考えるのだろう。

## 儒教と相性の悪い民主主義

もちろん民主主義の価値は拷問や検閲がないことだけではない。成熟した民主政治の大きな長所は法治を通じた「社会の安定性」である。退任して権力を失った大統領だからといって監獄に放り込まれないし、金切り声を上げなくとも国民は自分の権利が侵害されることもない――。

しかし、こうした「安定性」は民主化後も韓国にはもたらされなかった。このため

「安定性」を保障する、司法の中立や報道の自由がいかに重要か、韓国人は気付かない。循環論法的で、身も蓋もない言い方になるが、成熟した民主政治を経験したことの無い社会ではそれを求める声は起きず、それに進む可能性も小さいのだ。

米欧の韓国専門家の間で「韓国の民主主義の自壊」が話題になり始めた。彼らから「同じ日本の植民地だった台湾の民主主義が着実に進化しているのに、韓国で後退するのはなぜだと思うか」との議論を持ちかけられたこともある。

専門家も結論はまだ出していないが「儒教説」が有力だ。日本が統治するまで、韓国人は法治を軽視する儒教をベースに国を運営してきた。その発想が現在でも根強いため、法律を基に運営される成熟した民主主義には到達しない、との見方だ。

一方、台湾は中国大陸の歴代王朝の支配が届いていなかった。この島で国家らしい国家が運営されたのは日本の植民地になってからであり、政治文化に儒教が入り込む余地がなかったと説明される。

## 民主化も産業化も自力で達成

「傲慢・謙虚説」という見方もある。韓国人は「高度の民主化を実現した」と信じ込み、外の世界に広がる成熟した民主主義の存在に気付かない。一方、台湾は謙虚に自らを見つめ、民主主義の成熟に努めている、との分析だ。

これも説得力がある。ネットにしろ新聞にしろ、韓国の言論空間では「我が国の民主主義の水準は日本を大きく超えた」「我が国は民主化も産業化も自力で成功したアジアで唯一の国だ」といった言説が飛び交っているからだ。一方、台湾人は韓国人のようにから威張りはしない。ベースが中国人であるため、敢えて自らを誇る必要を感じないからだろう。

「米国離れ説」もある。1987年の民主化は、全斗煥（チョン・ドゥファン）政権が米国の顔色を見た部分が大きかった。「ソウルの春」をクーデターでつぶして権力を握った全斗煥政権は米国で極めて評判が悪かった。民主化運動を徹底的に弾圧したら、米国から見はなされかねず、1988年のソウル五輪の開催も危うかった。そこで不本意ながら、政権末期になって民主化を宣言したのだ。

ところが今、韓国人の多くは「米中を天秤にとって操る国力を持った」と考えている。もう、民主政治の後退による「見捨てられ」を心配する必要はない。

その点、1979年に米国との国交を断たれた台湾は、1980年代に到来した「アジア民主化の時代」に米国の顔色を気にしすぎることはなかった。民主化は自らが選んだのである。国力が増進した今も、韓国のように「米中間の天秤国家」を妄想したりはしない。

## 「従中」を加速する「民主」の後退

韓国の民主政治の後退が外交にも影響することは間違いない。韓国人が西欧型の成熟した民主主義を望まない以上、中国の台頭を警戒する心情は生まれないからだ。

日米豪印の人々が対中包囲網、Ｑｕａｄ（クアッド）を結成したのは「中国のような全体主義国家が世界を主導するようになっては大変だ」との心情が根にある。国際政治の勢力争いからだけではないのだ。

韓国人が西欧型の民主主義を目指しているのなら、Ｑｕａｄに躊躇なく参加しているはずだ。中国からいくら圧力がかかろうと、それは自分たちの国の基本的な価値観を守るために必要なコストである。

日本と異なり、韓国が「離米従中」するのは地理的にも歴史的にも中国と近いという地政学的な要因に留まらない。「日本や米欧とはもともと価値観が異なる」ことにも起因するのだ。

今後、韓国の民主政治が後退するほどに、中国への傾斜も増すだろう。この意味でも韓国の民主政治の自壊をじっくりと観察する必要がある。

## 「日韓は運命共同体」と語る首相候補

韓国は日本とは全く異なる道を歩み始めた。というのに「日韓は利益や価値観を共有する。だから手を携えよう」と考える日本人が未だにいる。

2021年の自民党総裁選に出馬した野田聖子幹事長代行は同年2月、朝鮮日報のインタビューに答え「両国は運命共同体と認識せよ」と語った。「韓日は運命共同体…難しい状況をともに克服」(2月18日、韓国語版)から発言を翻訳する。

・韓国と日本は大国ではありません。米国や中国など大きな国に取り囲まれている状況を克服するために、運命共同体であるとの考えを持つ必要があります。

日本の首相になろうという人も、韓国に関してはこんな認識なのだ。

## 4 法治なければ民主なし

韓国の民主政治がいとも簡単に崩れた。国民に法治意識が乏しいからだ。「民主の崩壊」と「法治の衰退」は悪循環に陥る可能性が高い。

### 指揮権発動とナチス

民主政治の崩壊を目のあたりにした韓国の知識人は、口をそろえて国民に警告した。検事総長の懲戒事件が起きた時、保守とリベラルをそれぞれ代表する2人の識者がヒトラーになぞらえて文在寅大統領を非難した。第2章第1節で紹介した中央日報のコラムニスト、チョン・ヨンギ氏と、東洋大学（韓国）元教授の陳重権氏である。

それに先立ち、秋美愛・法務部長官が2回目の指揮権発動に動いた後、ヒトラーによる法治の破壊を引いて韓国の危うさを指摘したベテラン記者もいた。朝鮮日報の姜天錫（カン・チョンソク）論説顧問である。

「【カンチョンソク・コラム】秋法務長官は針を刺して死ぬハチになる考えはあるのか」

（2020年7月4日、韓国語版）から引用する。

・ナチスの虐殺部隊である親衛隊の高級指揮官の中には法律家出身がとりわけ多かったという。法律に「ユダヤ人、ロマ（ジプシー）、障害者を虐殺してはいけない」との禁止規定がないから「してもいい」と彼らは考えたのだ。

・秋長官は指揮権を発動した際、検察庁法8条を挙げた。この条項は「法務部長官は具体的な事件に対しては検事総長だけを指揮・監督する」と定めている。日本の法律をそのまま写したものだ。この条項の立法趣旨は、法務部長官が「検事総長を通じ」個別の事件にああせい、こうせいと細かく介入せよという意味ではない。できる限り干渉するな、ということである。

**日本ではタブーに**

姜天錫氏は法律を曲げて適用すれば、ヒトラーのドイツのように滅茶苦茶な国になる、と訴えたのだ。初めて指揮権を発動した犬養健法務大臣が辞任したため、日本ではタブーになったことも記した。見出しの「針を刺して死ぬハチ」とはそれを意味する。

もっともこの警告の後も、国民の間で指揮権発動への批判は広がらず、それをいいことに秋美愛長官は３回目を発動した。指揮権発動を極力自制するといった「憲政の常道」は国民の目には見えにくい。それだけに危機感も湧かなかったのだろう。

一方、第２章第２節で扱った公捜処設置に対し、全国民的な反対運動が起きなかったのは先進国になりたいとの心情からだった。同第３節のメディア懲罰法に反対の声が巻き起こらなかったのは傲慢なメディアへの反発があった。

ただ、それぞれに理由があるにしろ、根には国民の法治意識の薄さが横たわる。日本や欧米だったら指揮権発動、公捜処、メディア懲罰法は三権分立の破壊や権力の肥大化につながるとして、大変な反対運動が巻き起こるはずだ。そもそも、そんなことを画策する政権は先進国ではまず出てこない。悪法でも守らざるを得ない法治国家は、危険な法律の制定や、乱暴な運用に極めて慎重だからだ。

### 法治とは相容れぬ儒教

ソウル五輪（１９８８年）で不人気な競技を取材したことがある。観客席にはほとんど人がいないのに、高齢の男性が筆者のすぐ横の席にやってきて、日本語で話しかけてきた。

当時、街角で日本語を使うと怒りだす人がいたので、「韓国語でお話し下さってけっこうです」と言ったのだが、日本語を続けた。ほどなくその理由が分かった。韓国人に聞かれたくない話だったのだ。この人は「日本が戦争に負けて我が国が独立したのはよかったが、困ったことに李氏朝鮮に戻ってしまった」と言い出したのだ。

太平洋戦争中の朝鮮では配給だけに頼る日本人よりも、実家からコメを送ってもらえる韓国人の家庭の方が余裕があった。それでも日本人は文句を言わず、決まった配給量以上のコメを取ろうとしなかった——という思い出話が続いた。日本人は強い立場にあっても決まりは守る、と言いたかったのだ。

「李朝に戻った」というのは、独立後の韓国では強い者が自分の決めたルールも守らないため、無秩序な社会に戻ってしまった、という嘆きだった。

ではなぜ、李朝は決まり事が守られない国だったのか。京都府立大学の岡本隆司教授は以下のように喝破した。『東アジアの論理』の36ページから引用する。
・朝鮮半島は一四世紀末から二〇世紀の初めまで、五百年にわたり朱子学が体制教学だ

った。儒教は法を蔑視《べっし》する。かつて律令という法制はあったけれども、あくまでこれは現実の統治にあたって、やむなく用いた補助物にすぎない。われわれの考えるような、法が根本に位置し、すべてを支配する「法治」ではなかった。

・儒教がとなえるのは「徳治」である。「徳」といっても測定基準はないので、治める者が主観的に「徳がある」と信じ、周囲がひとまず情理として納得すればよい。だから関わりのない者が客観的にみれば、独善に陥りがちなシステムだった。

日本との条約を含め、現代の韓国人が約束を平気で破るのは依然、行動原理の中枢に「法を蔑視する」儒教を据えているからであろう。韓国人は西欧型の法制度を導入したが、身に付いてはいないのだ。

## 式目は日本のコモン・ロー

では、日韓を分けたのは何だったのだろうか。李朝ほどではないにしろ、徳川幕府も儒教を統治理念に利用したのだ。

外交評論家、岡崎久彦氏の『陸奥宗光とその時代』（PHP文庫）に1つの答がある。

鎌倉幕府の定めた法律——式目に関する鋭い指摘（217—218ページ）を引用する。

・式目は、唐から輸入された律令が京都以外の地域の実体とかけ離れてしまったために武家の慣習法を基礎として作られたもので、西欧におけるローマ法に対するコモン・ローの関係に似ている。

・裁判は十三人の評定衆で行ったが、成員は神社の神々に誓いをたてて、裁判に際しては厳正な態度をつらぬき、決して私的感情におぼれず、権力者をおそれず、また、一たん決定された判決に対しては、少数意見の者も共同責任を取るという起請文を書いたという。

・日本の裁判が伝統的に公正であり、とくに明治憲法、戦後憲法を通じて、裁判に腐敗がない伝統はここに求めることもできよう。

日本の法律の源流には武士——武装農民が仲間内のルールを成文化した式目があった。これを守らなければ自分も困るうえ、仲間外れにされてしまう。

一方、朝鮮半島には封建時代が存在しなかったので、式目に相当する「自らが定めた決まり事」がない。中央集権型政権が中国から借りてきた律令——上が定めた法律の下、韓国人は生きてきたのだ。

「我が国は民主主義」と誇る韓国の知識人が未だに「法を守ったり、判決に服する必要はない」と平然と語るのも、「法は自分たちが定めた」との意識が薄いからだろう。

韓国人の政治学者に「韓国は法治国家ではない」と言ったら、「我が国の法律は独裁政権が定めたものだから守る必要はないのだ」と〝説明〟されたことがある。

## 「正義は韓国にあり」

当然、自分が気に入らない条約なら破ってもいい、ということになる。2018年、日韓国交正常化の際に結んだ請求権協定を踏みにじって韓国の裁判所、さらには政府が日本企業に対し「自称・徴用工」に賠償金を支払うよう要求した。韓国メディアは「正義は韓国側にある。日本は『協定破り』などと文句を言うな」と唱えた。

中央日報のユン・ソルヨン東京特派員は「【グローバルアイ】約束を守る国・日本、正義が重要な国・韓国」（2019年1月4日、日本語版）で以下のように書いた。

・静岡県立大学の奥薗秀樹教授は、韓日間のこのような違いを「重要視する価値が違うため」と説明する。「日本は約束を守ることが重要な国である一方、韓国は正義を重要視する国」という説明だ。

日本の専門家に語らせているが「韓国は正義を重要視する」というのは、韓国人が日本との約束を破る時の常套句だ。だとしたら、韓国人が韓国人に対し約束を破った場合、破られた側は「相手に正義がある」と許すのだろうか。そんなことはない。猛烈に相手を罵倒して、つかみ合いの大喧嘩になるのが普通である。

正義は対立する双方にある。だからこそ話し合って妥協点を見つけ、それを守ろうと約束する。これが条約だ。「正義は韓国にある」と言い出して条約を破るのなら今後、韓国とは一切、約束できないことになる。

もちろん、約束も話し合って変えることは可能だ。だが韓国は堂々と変更を求めはせず、裁判所による賠償金支払い命令という「裏口」から請求権協定をなし崩しにしようとした。さらに、日本政府が仲裁条項を発動しようと提案したら、韓国政府は拒否した。「韓国の正義」を主張する場を自ら捨てたのである。

**韓国人の詭弁に呆れた日本人**

強弁したのはユン・ソルヨン氏だけではない。ソウル大学のキム・ビョンヨン教授も中央日報に「【中央時評】理の韓国、法の日本」（2019年7月24日、日本語版）を寄稿し、両国の文化の違いを理由に韓国の条約違反を正当化した。

日本の名城大学の李秀澈（イ・スチョル）教授も中央日報に寄稿した「【コラム】約束の差を理解してこそ韓日葛藤は解消」（2020年5月16日、日本語版）で、日韓摩擦は「文化的な違い」に原因があると主張した。

いずれの記事も日本語で読める。これらを読んだ日本人は詭弁に呆れ果て「まともに話し合える相手ではない」と韓国を見切った。日韓関係はかくしてますます悪化したのである。

韓国を見限ったのは日本だけではない。米政府も韓国を「信用のおけない国」に分類した。2022年2月、米国はウクライナを侵略したロシアに対し、半導体とそれを使った製品の輸出を止めた。第3国の対ロ輸出に関しても、米国の技術を使った半導体には歯止めをかけた。ただ、欧州や日本、豪州などに関しては「対ロ輸出を自主的に制限した」として輸出監視対象から外した。

ところが米国は「監視対象から外す」32カ国に韓国を入れなかった。韓国も対ロ輸出規制に参加すると表明したが、約束を守る国とは見なされなかったのである。この結果、韓国企業は半導体や関連製品を輸出する際には米政府に1件ずつお伺いを立てる必要に迫られた。これには韓国政府も弱りはて米国に泣きついた。結局、韓国の産業通商資源部長官が米商務長官に約束を守るとの念書を共同声明の形で差し出してようやく、監視対象国から外してもらった。

バイデン大統領はオバマ政権時代に副大統領として、日韓慰安婦合意の事実上の保証人を務めた。大統領に限らずバイデン政権の幹部には韓国が平気で約束を破る国と知っている人が多い。

## 維新前夜に国際法を学んだ日本

明治維新前夜に日本の知識人たちは必死で国際法を勉強した。西欧に仲間入りさせてもらうには世界ルールの摂取が必須と考えたからだ。

幕府軍の榎本武揚が箱館戦争で死を覚悟した時、フランス人の著した『万国海律全書』を官軍の黒田清隆に託したのも、日本に1冊しかない海洋法に関する専門書が失われれば国益を損ねるとの思いからだった。

「国際的なルールを守らねば世界で生きていけない」との覚悟は普通の日本人にも定着した。大津事件（1891年）がきっかけだ。日本人なら誰もが学校で習う、訪日中のロシアの皇太子を滋賀県の巡査が刀で切りつけ負傷させた事件である。

日露戦争前の日本政府は大国ロシアを恐れていた。犯人を死刑に処したかったのだが、負傷しただけでは死刑にできない。そこで日本の皇族への罪刑を適用しようとしたものの、大審院長——今で言えば最高裁長官、児島惟謙《こじまこれかた》の反対で無期懲役に留まった。

児島惟謙の主張は「法律を厳密に適用しなければ西欧から軽んじられる」という点にあった。『大津事件日誌』（東洋文庫）には当時、児島惟謙が松方正義総理大臣と山田顕義司法大臣に宛てた「意見書」が収録されている。61ページから引用する。
・顧みれば、我国一たび外交の道を誤りしより、其の害三十年の今日に延及し、不正不当の条約は猶未だ改正し能《あた》わざるに非ずや。且つ各国の我に対する、常に我が法律の完全ならず、我が法官の恃《たの》むに足らざるを口実とす。

・然るに、我自ら進んで、成法の依拠するに足らざるを表示し、輒《たやす》く法律を曲ぐるの端を開かば、忽ち国家の威信を失墜し、時運の推移は国勢の衰耗を来たし、締盟列国は、益々軽蔑侮慢の念を増長して、動《やや》もすれば非理不法の要求を為さざるを保せず。

明治時代の日本人は徳川幕府の結んだ領事裁判権など不平等条約を国の恥と考え、一刻も早く改正したいと願っていた。児島惟謙は法律を曲げれば列強に軽んじられ、不当不正の条約の改正など夢物語だぞ、と訴えたのだ。

日本政治史が専門の楠精一郎氏は『児島惟謙（こじま　これかた）』（中公新書）で、以下のように書いた。4ページから引用する。

・当時の藩閥政府の圧倒的な権力の前には司法の権威も微弱なものでしかなかった。そうした状況のなかで児島の示した毅然たる態度には賞賛が集まり、その後、「死刑を無理強いしようとした政府」と「法を護り司法権の独立を護った児島」という図式はなかば伝説化して、戦前に児島をもって「護法の神」とまで讃える評価を生み出した。

大津事件を通じ神格化された児島惟謙の存在が、近代日本の法治の確立に大いに資した、との評価だ。

**有銭無罪　無銭有罪**

1987年から1992年までの韓国在勤中に驚いたことの1つは、韓国人がしばしば「有銭無罪　無銭有罪」、つまり「裁判だってカネ次第でどうにでもなる」と言っていたことだ。

「裁判官は儲かる商売」とも語られていた。裁判官におカネを払えば判決を有利に書き変えてもらえる、というのが常識だったのである。

筆者が韓国を離れて四半世紀たった2017年。サムスン電子の李在鎔（イ・ジェヨン）副会長に対する逮捕状請求が裁判所から棄却された際「有銭無罪　無銭有罪」との批判が巻き起こった。李在鎔氏は韓国一の富豪と見なされている。韓国人はいまだに「裁判所もカネ次第」と信じているのだ。

与党の代表で次期大統領に擬せられた有力政治家が、裁判所の下した判決を公然と非難し一切、問題にならなかった（第2章第1節）。それも「裁判所は尊重すべき存在」とは韓国人がチラとも考えていないためだろう。

ではなぜ、韓国が近代化した際に国際ルールである「法治」を導入しなかったのか。それは、法治国家を作らないと国際社会で生き残れない、との覚悟が生じなかったからだろう。ここに韓国の特殊性がある。

韓国人が自前の近代的な国家を持ったのは1948年。朝鮮戦争の開戦が1950年だから、東西冷戦のスタート時期と重なった。西側のリーダー、米国とすれば韓国が自分たちの側にいるだけで十分。韓国で三権分立が機能しているかは気にも留めなかった。

そもそも弱い国が不平等条約を結ばされる時代でもなくなっていた。だから「法治国家にならなければ生きていけない」と口うるさく説教する韓国版・児島惟謙は登場しなかった。政界も七面倒な法治などに関心は持たなかった。米国の庇護の下、「まともな国か」と問われることもない甘い生存空間に安住した韓国には法治意識が育たなかったのである。

国連や多くの国際機関から締め出された台湾が、強制されない国際ルールを自主的に守っているのと対照的だ。1979年に米国から見捨てられた台湾は、「まともな国と見なされないと生き残れない」との緊張感を持ち続けてきたのだ。

## あっという間にベネズエラ

韓国に法治が根付かなかったのは儒教、封建時代の欠如、そして甘えが許された国際環境の3点からだろう。そして法治意識が育たなかったことで民主政治の足腰が鍛えられなかった。その結果、か弱い民主政治は「韓国のヒトラー」にちょっと押されるだけでヘナヘナと倒れてしまったのである。

危ういのは「法治意識の欠如→民主政治の崩壊」がさらなる「法治の衰退」を呼ぶであろうことだ。検事総長への懲戒を厳しく批判した中央日報のチョン・ヨンギ氏も今後、「誰が法に従うのか」と書いた（第2章第1節）。無法国家に転落する悪循環が始まったとの深い懸念からであろう。

韓国では自らの国を無法国家に陥ったベネズエラに例えることが増えた。原油輸出による豊かさと、米国をお手本にした民主的な制度を誇っていた「中南米の優等生」は、独裁者チャベスの登場を機に大量に難民を生む「貧困と内乱の国」に落ちぶれた。韓国もそのとば口に立っているとの見立てだ。

韓国人はものごとを大げさに語るから、そのまま信じるわけにはいかない。だが、選挙で選ばれたチャベス大統領が司法やメディアを支配下に置くことで独裁に道を開いたことは「今の韓国」と共通する。そして国民が法治の破壊をさして咎め立てもせず、左派政権の扇動に踊っていたことも同じなのだ。

## 5　「チャベス」はこれからも出てくる

「このままだと我が国はベネズエラになる」――。韓国の保守が警告した。確かに、激しい左右対立で国が滅茶苦茶になったベネズエラの転落初期と韓国は似ている。

### 金正恩に国を寄付する文在寅

初めに韓国とベネズエラの類似を指摘したのは、保守の指導的ジャーナリスト、趙甲済氏だった。主宰する趙甲済ドットコムに「文在寅と金正恩、チャベスとカストロ(1)」(２０１９年1月20日、韓国語)を書いた。外交評論家の金永男(キム・ヨンナム)氏との共作だ。副題は「キューバがベネズエラを食いものにしたように、北朝鮮も韓国を食いものにするのか？」である。

見出しの「チャベス」とは、１９９９年にベネズエラの大統領に就任したウゴ・チャベス氏のことだ。キューバのフィデル・カストロ議長(当時)を師と仰いで大量の原油を貢ぐ一方、キューバの情報機関に助けられて統治した。カストロ議長の言いなりになっていたチャベス大統領と、金正恩（キム・ジョンウン）委員長の言いなりの文在寅大統領は同じだ、とこの記事は訴えたのだ。以下が書き出しだ。

・文在寅大統領の頭の中には金正恩しかなく、「国まで［北朝鮮に］寄付する太っ腹な指導者」と、冷笑の対象になっている。

「国まで寄付」とは当時、文在寅政権が金剛山観光事業と開城工業団地を再開しようとしていたことを指す。前者は2008年、立ち入り禁止区域に入った韓国人観光客が無警告で射殺されたため、保守の李明博政権が中断した。後者は2016年、北朝鮮の核・ミサイル実験に対抗して、やはり保守の朴槿恵政権が閉鎖した。

いずれも北朝鮮に外貨を送る事業であり、再開すれば国連の対北朝鮮制裁を破ることになる。北朝鮮の核武装を堂々と助けようとする文在寅政権こそは、国を売り渡す売国奴だと韓国の保守は断じたのだ。

結局、両事業は米国の強い圧力で再開できなかったのだが、文在寅大統領は2022年5月に退任するまで、事業再開に道を拓く朝鮮戦争の終戦宣言の実現に終始こだわった。趙甲済氏らが指摘したように「頭の中には金正恩しかなかった」のである。

左派の中からも、金正恩に求愛しては無視される文在寅大統領に批判的な人が出た。趙甲済氏らはその弱みを突いて左派陣営をつき崩そうとしたのだ。

## ベネズエラの自殺は韓国の自殺

趙甲済氏らは貧しい人々におカネやモノをばらまくキューバのやり方を導入したことにチャベス政権の失敗があるとも強調した。フォーリン・アフェアーズ（Foreign Affairs）の「Venezuela's Suicide – Lesson From a Failed State」（ベネズエラの自殺――失敗国家からの教訓）を引用し、カストロ議長を見習って社会主義化したベネズエラがいかに悲惨な道をたどったかを示した。その部分を要約する。

・ベネズエラは中南米でもっとも伝統がある強力な民主主義体制を誇っていた。域内のどの国家よりも社会安全網が整備され、すべての国民に無料の医療と高等教育への支援が約束されかけていた。メディアは言論の自由を謳歌し、政治体制も透明で平和的な政権交代も行われていた。

・そのベネズエラが戦争をしたわけでもないのに、中南米で最も貧しく、最も新顔の独裁政権が君臨する国になった。医療体制は崩壊した。ごく少数のエリートだけが飯を食べ、今世紀に入ると中南米で最も多くの難民を生む国になった。政府の直接的な統制を受けない少数のメディアさえも弾圧を恐れ、政府の立場を代弁する。物価は25日ごとに2倍となっている。

なぜ、「ベネズエラ」だったのか。チャベス大統領の死後、ベネズエラの反米左翼政権はニコラス・マドゥロ大統領が引き継いだ。2019年、米国はベネズエラの保守派をテコ入れすることでマドゥロ政権を倒そうと動いた。韓国でも「左派のために滅亡しかけているベネズエラ」が知られ始めており、保守とすれば左派を攻撃する格好の材料だったのである。

この記事を皮きりに、保守メディアは自国の左翼政権を批判する時は「韓国＝ベネズエラ」の図式で訴えるのが定番化した。結局、米国はベネズエラの左翼政権を倒すのは失敗したのだが。

## 左派の独裁も三権分立を壊す

評論家の柳根一（ユ・グニル）氏は文在寅政権の司法支配を糾弾する中で「ベネズエラ」を使った。朝鮮日報の「【ユ・グニル・コラム】左派だろうと右派だろうと独裁は『起訴状小説』を書く」（２０１９年6月11日、韓国語版）である。

文在寅政権になると、検察は李明博・朴槿恵政権時代に最高裁長官を務めた梁承泰（ヤン・スンテ）氏を起訴、拘束した。罪状は「保守政権に負担にならないよう徴用工裁判を遅らせた」などである。

見出しの「起訴状小説」とは、法廷で梁承泰氏が「これ（自身への起訴状）は法律家が書いたというよりも、小説家が未熟な法律専門家のアドバイスを受けて書いた小説」と語ったことに由来する。柳根一氏は政権が司法を牛耳る時代が再来した、と厳しく批判した。

・司法を掌握しようとの試みは右派の権威主義でも、左派の権威主義でも同じく起こる。この点は１９６０年代のブラジル軍事政権と２０００年代のベネズエラ左派政権の時に明らかに証明された。

・左派でも右派でも独裁は国会の無力化に先立ち、司法の「使い走り」化から着手する。このため、右派の権威主義も左派の権威主義も政権に忠実な判事だけ要職につけ、そうでない者は法服を脱がせる。

・チャベスの追従者で満たされたベネズエラの最高裁判所は国会をはじき出して、立法権まで分け与えられた。三権分立ではなく三権統合、独裁化だった。では、「民主―進歩」が真っ盛りの最近の韓国では、何が起きているのか?

・「梁承泰裁判」を巡る今日の革命的な風向きは結局、自明である。朴槿恵弾劾(旧政権打倒)→文在寅大統領執権(新政権掌握)→梁承泰・最高裁長官打倒(司法掌握)→2020年の総選挙で運動圏の勝利(立法掌握)→改憲→自由民主主義の削除→民衆民主主義の導入→「ろうそく」独裁→安保無力化→韓米同盟解体→南北連邦制――である。

「ろうそく」とは朴槿恵弾劾で有名になった、左派が常用するろうそくデモを指す。これを「独裁」に冠すると、大衆を扇動して政敵を封じ込める、という意味になる。

柳根一氏は軍事独裁政権と戦い苦労して勝ちとった民主主義が、今度は左派独裁政権によって奪い取られるぞ、と警告したのだ。ちなみに柳根一氏は今では保守を代表する評論家と見なされているが、右派の独裁時代には民主化運動に加わり、３回投獄されている。

次に「ベネズエラ」に触れたのは、保守系コラムニストの大御所、金大中（キム・デジュン）氏だった。朝鮮日報に「【金大中コラム】韓国の民主主義もこうして亡びるのか？」（２０１９年８月13日、韓国語版）を書いた。

記事の冒頭で金大中氏も『民主主義の死に方』を引いた。第２章第１節で引用した、「最近の独裁者はクーデターでなく、選挙から生まれる」と説いた本である。

・民主主義は軍人ではなく国民の選出した指導者の手で死を迎えもする、ということだ。民主的な手続きを経て当選した大統領や首相が権力を握った後、その手続き（民主主義）を解体して見せるのである。

・著者らは、指導者により分解した民主主義の国としてベネズエラ、ジョージア、ハンガリー、ニカラグア、ペルー、フィリピン、ロシア、スリランカ、トルコ、ウクライナなどを挙げる。

金大中氏が懸念したのは、この記事を載せた8カ月も先の国会議員選挙にあった。

・民主主義の分解は投票所から起こる、という。我々にとって「これから迎える」最初の選挙は来年［2020年］4月15日の総選挙だ。この選挙で「共に民主党」が勝てば、2年後［2022年］の大統領選挙は執権延長の承認手続きに過ぎなくなる。そうなった場合、左派は2027年まで、少なくとも10余年間、この国を統治する。

2020年の国会議員選挙で左派が勝てば、2027年まで左派の天下――とは、国会で議席の6割を占めれば好き勝手な法律を作って左派の永久執権に道を拓く、という意味だ。実際、2020年の総選挙で勝った「共に民主党」は左派のゲシュタポと呼ばれる公捜処の設置法を通した（第2章第2節）。「メディア懲罰法」も委員会まで通過した（第2章第3節）。2019年の段階で、左派の専横を見越した保守の危機感は最高潮に達していた。

**選挙管理委員会も掌握**

当時、野党第1党だった保守の自由韓国党は2019年9月20日、「ベネズエラ・レポート」を発表した。「文在寅政権の政治手法や政策はチャベスやマドゥロとそっくりだ」との内容だった。黄教安（ファン・ギョアン）代表自らが会見するなど広報に力を入れた。もちろん、翌年の国会議員選挙を意識してのことだった。

このレポートはベネズエラの左翼政権との類似点として▽過度な福祉による経済破綻▽司法の掌握▽選挙制度の悪用▽扇動を通じた国民意識の掌握――などを挙げ、文在寅政権を批判した。

具体的には、チャベス政権は裁判官を増やすことで最高裁をチャベス派で固めたが、文在寅政権も最高裁長官以下の要職に左派を任命した、と指摘。選挙管理委員会もチャベス政権が委員5人のうち4人を自陣営で抑えたのと同様に、文在寅政権も大統領選挙当時に自陣営の特別補佐として活動した人物を中央選挙管理委員会の委員に就任させた、と非難した。

2022年3月の大統領選挙当時の中央選挙管理委員は6人全員が大統領、最高裁長官、与党が推した文在寅派の人物だけだ。野党が推薦した1人は与党の反対で選挙前には就任できなかった。

朝鮮日報は社説「最高裁でも選管委でも政治的偏向を示したノ・ジョンヒ」（2022年3月7日、韓国語版）で、選挙管理委員会の盧貞姫（ノ・ジョンヒ）委員長を攻撃した。「選挙管理委員会は李在明候補が選挙公報に虚偽を記載したとの野党の訴えを却下したうえ、盧貞姫氏は最高裁の判事として李在明氏が訴えられた過去の事件でも強引な無罪判決を下すなど偏向が著しい」との理由だ。

結局、盧貞姫氏は保守の尹錫悦政権がスタートする直前になって、大統領選挙の期日前投票の不手際を理由に辞職した。

**「手を噛む検事総長」も同じ**

確かに、文在寅大統領の権力掌握のための手法は、チャベス政権初期のそれとよく似ている。皮肉なことに、保守派を一網打尽にするために任命した検事総長が、最後には政権に噛みつくというハプニングも共通した。

チャベス時代に任命されたルイーザ・オルテガ・ディアス検事総長は、立法権が最高裁判所に移されると左派政権に批判的になり、マドゥロ大統領の収賄事件を告発した。

当然、ベネズエラにはいられなくなり、コロンビアに亡命した。一方、韓国の左派政権の腐敗捜査に乗り出した尹錫悦検事総長も、政権からの圧迫で最後は自ら辞任した。ただ、隣国に亡命するには至らず、２０２２年の選挙に出馬して大統領に就任した。

２０２０年の総選挙では、保守の抵抗にもかかわらず左派が大勝し、国会に６割の議席を得た。新型コロナ対策に関する宣伝攻勢に成功した側面が大きい（第１章第２節）。一方、保守の「ベネズエラ攻撃」は効かなかった。

２０２２年の大統領選挙でも、負けたとはいえ左派は善戦した。当選した保守の尹錫悦氏の得票率は48・56％。負けた李在明氏のそれは47・83％。差はたったの０・73％だった。なお、この選挙でも保守は李在明候補を「韓国のチャベス」と攻撃した。薄毛治療にも保険を適用するといった「バラマキ」公約を乱発したからだ。

退任直前の文在寅大統領の支持率は４割を越えていた。韓国で世論調査が始まって以降、最後の１年間にこれだけの支持率を維持した大統領は初めてである。

## 持たざる者が増えた

保守のメディアや政党が指摘するように、韓国の民主政治は確実に崩れている。というのになぜ、韓国人は「ベネズエラ化」を警戒しないのだろうか。

2020年4月の総選挙で自由韓国党を改編した保守の未来統合党が大敗した際、朝鮮日報の楊相勲主筆は「持たざる者が増えたからだ」と言い切った。「2大政党ではなく日本式の『1・5党体制』の入口だ」（4月17日、韓国語版）を翻訳する。

・「共に民主党」の得票は、強固な全羅道の大量票と、30―40歳代を中心とする若年層の反・未来統合党票、そして韓国社会の格差が拡大するにつれて「持つ者」に反感を抱くようになった広範囲の階層の連合だ。
・1997年のIMF危機以降、韓国社会は本格的に両極化の道をたどり始めた。1995年に全人口の70％を超えていた中産層が、昨年は52％前後に下がった。自らを中産層だと思っている人は52％よりもさらに少ない。韓国社会の衝撃的な構造変化だ。この大きな変化が政治の地形に影響を与えないなら、それこそおかしい。
・「3040世代」は1980年前後に生まれた人々で、民主化後に成長した世代だ。大学進学率は80％に達する。彼らが10―20歳代だった時、IMF通貨危機に見舞われた。経済の高度成長が止まったため、当然だった就職が夢物語となる苦痛を、身をもって経験した世代だ。

**市場原理主義に反乱**

政治コンサルタント会社「ミン」のパク・ソンミン代表も、中央日報のインタビュー「保守はすでに非主流なのに、彼らだけは自らを主流と思い込んでいる」（4月17日、韓国語版）で「持たざる者」の増加が保守の凋落を呼んだと指摘した。

・韓国の保守は１９５０年代から80年代までは安保保守が、90年代には市場保守が社会を主導した。その後は新しい保守が登場できないでいる。安保・市場保守が時代の流れを見逃したと見るべきだ。

・富が一方に偏ったことに憤る人々が増えているというのに、保守は「市場に任せねばならぬ」と壊れたレコードのように唱えるばかりだ。

韓国での市場原理主義の浸透ぶりは日本の比ではない。１９９７年の通貨危機の後、労働者の解雇は法律的にも社会的にも極めて容易になった。

国家が破綻しかけた以上、そこから脱出するには、厳しいリストラを実施して企業をスリムにするしか手がなかった。そこで指導層は「市場原理主義こそが正しい理念」と国民に思い込ませた。「毎年、査定で下から10％の社員は自動的に馘首する」と宣言する企業も登場した。日本の終身雇用をモデルにしていた韓国の企業社会で突然、米国式の市場原理が「正義」となったのである。

とはいえ、解雇された人は社会に恨みを持つ。市場原理主義に疑問を持つ人が次第に増え、ついに投票行動となって噴出した、との説明だ。

韓国にはオーナー支配の問題もある。上場会社の多くが同族支配で、わがままな三代目の横暴は映画やテレビドラマのテーマになるほど社会の不満を買っている。韓国にも日本と同様の相続税があり、創業者の孫の世代では支配的な株式を持つのは難しいはずだが、抜け道も多い。「富む者はますます富む」といった不公平感も持たざる者の怒りを加速している。

チャベス大統領に期待をかけるような、むくつけの資本主義に疑いを持つ人が韓国にも増えているのに、保守は「チャベスの悪口」ばかりを言っていた、という構図である。

## 保守も「米軍は出て行け」

ベネズエラとの共通点がもう一つある。反米感情である。韓国人の心の奥底には米国に対する微妙な感情が潜んでおり、何かの拍子に突然、流れ出す。トランプ政権が在韓米軍の駐留経費――韓国版「思いやり予算」の大幅増額を求めた時も、韓国人の反米感情が一気に噴き出した。

韓国人の過半が「米国に支払う経費負担を増すぐらいなら、在韓米軍に出て行ってもらった方がいい」と言い出したのだ。「思いやり予算」を巡る米韓の交渉が暗礁に乗り上げた2019年1月25日。世論調査会社のリアルメーターが「韓国側の分担経費の増額に応じない限り、在韓米軍を削減・撤収する」と米国が言ってきた場合、増額すべきか――と韓国人に聞いた。

すると52・0％が「在韓米軍が削減・撤収しようとも、増額には反対」と答えた。「賛成」が30・7％、「分からない・無応答」が17・3％だった。

この世論調査の1カ月ほど前の2018年12月28日。ハリー・ハリス（Harry Harris Jr.）駐韓米国大使が青瓦台を訪れ、鄭義溶（チョン・ウィヨン）国家安保室長に対し「米韓相互防衛条約を他の方式で履行する案も検討可能だ」と語った。

要は「要求を飲まないのなら今後、在韓米軍は頼りにするな」と脅したのだ。世論調査の結果は「売り言葉」に対する「買い言葉」の形で思わず漏れた、韓国人の本音だった。

保守の中にも「傲慢な米国」への反発を隠さない人が増えた。リアルメーターのこの調査では、自らを保守と考える人の3分の1に当たる34・1％が「米軍が引こうとも増額には反対」と答えた。「賛成」は50・2％だった。同盟を結んで以降、米国は韓国に言うことを聞かせたい時には「米軍を引くぞ」と脅してきた。それへの不満は保守層にも少しずつ溜まり、「思いやり予算」を機に噴出したのだ。

結局、2月10日に米韓は「駐留経費は前年比8・2％増の年間1兆380億ウォン台、1年ごとに再交渉」で妥結、仮署名した。しかしこの交渉は米韓同盟の時限爆弾ともなっている。

## 米国なしで生きていける

2022年2月にロシアがウクライナを侵略した際にも、韓国で米韓同盟への不満の声があがった。中央日報のコラムニスト、ナム・ジョンホ氏は「【時視各角】ロシア制裁への異なる視点」（2022年3月2日、日本語版）で、「米国に従って対ロシア制裁に加われば国益を損ねる」と訴えた。

対ロ輸出が打撃を受けるうえ、沿海州などでのロシアとの共同開発事業が白紙になるであろうからだ。さらに、ナム・ジョンホ氏は米国との同盟で韓国は損ばかり被ってきたと主張した。

・韓国は強大国間の衝突で大きな被害が生じても補償を受けられない過ちを繰り返してきた。ＴＨＡＡＤ（高高度防衛ミサイル）配備が代表的な事例であり、直接的な受恵者は在韓米軍だが、被害は韓国企業が受けた。それでも米国が限韓令の緩和を中国に要求したという話は聞かれなかった。2018年から始まった対中国半導体輸出規制で韓国企業に大きな被害があった時も同じだ。

ナム・ジョンホ氏は対ロ制裁への参加による「被害」に関し、米国に補償を要求すべきだと唱えたうえ、同盟解消まで匂わせた。

・韓米同盟も国益のために存在するものであり、それ自体が目的にはならない。いつも一方だけが犠牲になる同盟なら亀裂が生じるしかない。

この記事からは「米韓同盟によって安全保障が担保されている」との意識はうかがえない。にじみ出るのは「強くなって、もう米国に頼らなくても生きていける韓国」への自信である。

**もともとベネズエラ**

中央日報は朝鮮日報ほど鮮明ではないものの、保守系紙に分類されている。そこにひとりのコラムニストの意見とはいえ「米国の言いなりになるばかりの同盟なら、見直そう」との主張が載ったのだ。自分の国に自信を深めるに伴い、韓国では民族主義が高まっている。「反日」の形をとりがちだが、本質は「反米」であることが多い。

キューバやベネズエラなど中南米の国々でも、左派の独裁者が掲げてきたのは「反米」の御旗だ。これらの国々の人々も「兄貴風を吹かす」米国に不満を溜めていた。左派はそれを利用し、米国に強気の姿勢で臨んでみせて独裁への批判をかわした。民族主義で民主主義を駆逐したのである。

韓国の保守が「民主主義が壊れるぞ」「ベネズエラになるぞ」と左派の跋扈《ばっこ》を警告しても、うまくいかないのも当然かもしれない。韓国にもベネズエラ同様に「反米」や「反市場原理主義」の空気が広がっているからだ。韓国は「もともとベネズエラ」なのである。

２０２２年の大統領選挙で「韓国のチャベス」李在明氏は落選した。だが、新たな「チャベス」が韓国に登場する可能性は依然、高いのである。

# 第３章

# そして、友達がいなくなった

前政権の「反米・従中・親北」路線をどこまで覆せるか
（就任式に臨む尹錫悦新大統領。2022年5月10日）

写真：The New York Times/Redux/アフロ

## 1　猿芝居外交のあげく四面楚歌

文在寅政権の無謀な外交で韓国は四面楚歌に陥った。次の尹錫悦政権が挽回できるかは分からない。「不誠実な国」と見切られた以上、政権が代わろうと周辺国の信頼を取り戻すのは難しい。

### ハンギョレにも見捨てられた文在寅

2022年1月21日、左派系紙、ハンギョレが任期末の文在寅外交に引導を渡した。「朝鮮半島和平プロセス、水泡に帰すか…文大統領にも『反転カード』なし」（日本語版）である。以下が前文だ。

・北朝鮮が［1月］20日に核実験と大陸間弾道ミサイル（ICBM）発射を再開する可能性を示唆したことについて、大統領府はひとまず状況を「綿密に検討している」との慎重な反応を示している。

・しかし、文在寅政権の成果として掲げてきた「朝鮮半島平和プロセス」が水泡に帰すのではないかと懸念する雰囲気も感じられる。

「朝鮮半島平和プロセス」とは文在寅政権の掲げた対北基本戦略で、韓国のみならず周辺国が北朝鮮に宥和的に接することで核問題などを解決しよう、との構想である。

それが「水泡に帰す」――「文在寅政権の対北政策が完全に失敗に終わった」というのだから、ただ事ではなかった。それも、書いたのが政府に近いハンギョレ。左派のショックが窺えた。

2018年6月の米朝首脳会談の後、北朝鮮は核・ICBMの実験を中断していた。歴代左派政権は「北朝鮮と良好な関係を作ることで緊張緩和する」がウリだったから、再開されれば文在寅政権の存在意義が否定されてしまう。ことに大統領選挙を1カ月半後に控えていたこの時、実験を再開しなくとも示唆するだけで、保守候補への投票を後押しする状況だった。左派は「北朝鮮は我々を潰す気か」と大いに焦ったのである。

2カ月後の3月24日。北朝鮮はワシントンまで届くと見られるICBMの発射実験に成功した。文在寅大統領は「国際社会に約束したモラトリアム（発射猶予）を自ら破棄した」と、退任直前になって初めて北朝鮮を非難した。もちろん、それは手遅れだった。

### ウクライナで手一杯の米国

北朝鮮は2017年11月以降4年4カ月間、核とICBMの実験を中断していた。北朝鮮を軍事的に威嚇したうえ、初の米朝首脳会談を開いたトランプ大統領のおかげだ。だが、韓国では文在寅大統領が仕切って米朝首脳会談を実現したと信じられている。

2017年1月に発足したトランプ政権は、先制攻撃をちらつかせて北朝鮮を脅す一方、水面下で首脳会談を探った。これに気付いた文在寅政権は2018年3月、青瓦台の鄭義溶・国家安保室長を訪朝させたうえ「金正恩委員長から直接、核放棄と米朝対話の意思を確認した」と発表。「対話が続く間は追加の核・弾道ミサイル実験はしない」と北朝鮮が確約したとも公表した。

鄭義溶氏は返す刀で訪米し、トランプ大統領に金正恩委員長から預かったメッセージを伝達。トランプ大統領は直ちに鄭義溶氏に記者会見させて、米朝首脳会談の受諾を表明した。

米大統領の首脳会談を第三国が、それもホワイトハウスの車寄せで発表するという異例の事態だった。その後、若干の紆余曲折はあったものの、同年6月にシンガポールで史上初の米朝首脳会談が実現した。

もっとも、2019年2月のハノイでの2回目の米朝首脳会談は物別れに終わった。金正恩委員長が核施設の完全な廃棄に応じなかったためだ。次のバイデン政権も北朝鮮との交渉に消極的で、核問題はこう着状態に陥っていた。

それにもかかわらず2022年初めまで北朝鮮が核・ICBM実験を中断したのは、実施すれば2017年当時のように米国から軍事的な圧迫を受ける可能性が高いと判断したからだろう。

2022年1月20日になって両実験を示唆したうえ、3月24日にICBMの実験を再開したのは、米国がウクライナ問題でロシアと対立した以上、朝鮮半島では動きがとれないと足元を見た可能性が高い。朝鮮半島に軍事力を割く余力のない米国が、北朝鮮の脅しに屈し対話に出てくるとの計算だ。

北朝鮮は米国との対話を通じ、国連の経済制裁を緩和させようと狙う。コロナ対策で対外的な交易を全面的にストップした北朝鮮の経済は破綻の危機に瀕していた。

## 食糧難の北、監獄リスクの南

貧乏くじを引いたのが文在寅政権だった。国民に「米朝を仲介して朝鮮半島に平和をもたらした」と功績を誇ってきたのに、核・ICBM実験の再開示唆ですべてが雲散霧消したからだ。

この時、退任後の起訴・収監から逃れるため文在寅大統領は決定的な功績を必要としていた。それが朝鮮戦争の終結を謳う「終戦宣言」だった。しかし米国も北朝鮮も、実質的な意味はないうえ「文在寅の監獄送り防止用」と見抜いていたので、韓国からいくらしつこく持ちかけられても相手にしなかった。

文在寅政権は2022年2月4日からの北京五輪の場を利用、米中南北の首脳会談を開いて終戦宣言を実現しようとも試みた。だが、北朝鮮が五輪不参加を決めたためこれも挫折。そこに追い打ちをかけたのが、両実験再開の示唆だった。何の功績もなく任期を終えることになった文在寅政権。青瓦台（大統領官邸）を出る時、文在寅氏初め幹部は「これで監獄に送られる」と暗澹たる思いだったろう。

後から考えれば「米朝首脳会談を仕切った」などとホラを吹かねば良かったのだ。ただ、当初は効果抜群だった。第1回米朝首脳会談の翌日、2018年6月13日の統一地方選挙で与党「共に民主党」は圧勝。17の広域自治体の知事・市長選のうち、14地域で与党「共に民主党」の候補が当選した。当時、最大の保守政党だった自由韓国党は2地域でしか勝てなかった。

２０１７年、北朝鮮が核・弾道ミサイル実験を繰り返す一方、米国は先制攻撃も辞さないと応じた。蚊帳の外に置かれた韓国人は戦争の恐怖に怯えたうえ、自分の運命さえ決められないことにいら立っていた。

そこに「状況を仕切って見せる」大統領が登場したのだ。本当かどうかは重要ではなかった。自らの手で運命を切り開いていると信じたい――。こんな韓国人の心の奥底に潜む願望に文在寅政権は見事に応えたのである。

21世紀になる頃、「中国の台頭にどう対応するか」との質問をアジアの人々にぶつけて歩いたことがある。様々な答が返ってきたが、韓国人からはなかった。

「考えても意味がない」と言うのだ。千年以上も周辺大国に翻弄され、自らの運命を決められてきた朝鮮半島の人々にすれば、ジタバタしても仕方ないのだ。元寇の時も、19世紀に西洋が東洋を植民地化した「西洋の衝撃」の際も、団結すれば何とかなったと考える日本人とは世界観が１８０度異なる。

## 韓国に言いなりの専門家

だから、韓国人は猿芝居に簡単に騙された。保守でさえも「半島を仕切る韓国」に酔った。文在寅政権の仲人口を懸念する記事が保守系紙にちらりと載りはした。北朝鮮が完全な非核化など約束するわけがないとの認識から「適当なことを言って、トランプ大統領に過剰な期待を抱かせたのではないか」との心配だ。

だが、「米朝の間で話がついていた首脳会談を韓国が仕切ったフリをしているだけではないか」といった本質を突いた批判はどこからも出なかった。仮に「猿芝居」を見抜いた人がいても、そうはいえない空気だった。史上初の米朝首脳会談で平和が来るとの期待が高まる中、「自ら運命を切り開く我が民族」に酔いしれる人々に、冷や水をかける勇気は出なかったのである。

外から観察する人は「韓国は花を持たせてもらったな」と直ちに気付いた。ホワイトハウスで鄭義溶室長が米朝首脳会談を発表した際、真っ先に「米国への感謝」を述べたからだ。ＢＢＣの「〈全文〉北朝鮮と米国の首脳会談について韓国政府代表の声明」（2018年3月9日、日本語版）によると、正確な発言は以下だ。

・トランプ大統領の指導力、そして国際的な一致団結と共に最大限の圧力をかけ続ける大統領の方針のおかげで、ここまでたどりついたと、トランプ大統領に説明しました。文在寅大統領自ら、トランプ大統領の指導力に感謝していると伝えました。

もっとも、謙虚だったのはこの時だけだった。韓国政府はこの後、米朝首脳会談は文在寅政権が仕切ったと国内外で大宣伝。それを信じ込んで「米国は朝鮮半島の問題解決を韓国に任せた。安倍の日本は蚊帳の外だ」と得々と語る日本の専門家も登場した。

### 記念写真に入りたい文在寅

では、米朝はなぜ、韓国の「猿芝居」につき合ったのだろうか。米国は韓国の邪魔を恐れたと思われる。２０１７年に朝鮮半島で軍事衝突の可能性が高まった時、韓国人は蚊帳の外に置かれているとひがんでいた。形だけでも参加させてやらないと、駄々をこねて米朝交渉を妨害すると懸念したのであろう。

「何をするか分からない韓国人」には米国も神経を払ってきた。米国が朝鮮戦争の休戦協定を結ぼうとした1953年、李承晩政権が米国に黙って反共捕虜を釈放し、共産国側を怒らせた。自分の意見が通らない和平交渉を潰すのが目的だった。

だから米国も一度は韓国に花を持たせ、米朝首脳会談の開催を発表する名誉を与えた。ただ、その後は韓国を完全に無視した。シンガポールでの史上初の米朝首脳会談に加わりたいと韓国は強く要求したが、米国は北朝鮮が応じないとの理由で拒否した。

当時、大統領補佐官（国家安全保障担当）だったJ・ボルトン（John Bolton）氏は退任後に出版した『The Room Where It Happened: A White House Memoir』の81ページで、その経緯を説明した。翻訳する。

・文はトランプ―金会談を板門店で開催し、その直後に南北朝鮮と米国による三者会談を開こうと猛烈な勢いで主張した。主な狙いは引き続き実施される記念撮影の場に自身が紛れ込むことだった（この光景は2019年6月に再び見られることになった）。

ボルトン氏が指摘した通り、2019年6月30日に米朝首脳が板門店で3回目に会った際、文在寅大統領が強引に加わろうとして米警備陣に押し留められるハプニングが起きた。この映像は世界中に流れ、韓国こそが「蚊帳の外」であることを示した。

もっとも韓国メディアはこの日の米朝首脳協議を「南北米の3者会談」と一斉に報じた。軍事境界線上で会った米朝首脳が韓国側の建物に入る際、文在寅大統領も短時間、横を歩いたことを根拠に韓国政府がそう書かせたのだ。

北朝鮮が韓国に「花を持たせた」のは、文在寅政権がドル支援を約束したからと見られる。しかし、それを警戒した米国が開城工業団地の操業再開に反対したうえ、韓国企業経由の対北支援に目を光らせた。結局、北朝鮮は思うようにカネを貰えなかった。

北朝鮮は２０２０年6月16日、開城工業団地の南北共同連絡事務所を爆破した。韓国民間団体の気球を使った対北ビラに警告を発したと韓国では解説された。しかし、以前から実施されていたビラ散布だけが原因とは考えにくい。

連絡事務所は南北の平和共存の象徴で、韓国側の資金で建設した。これから考えると、米国に逆らえない文在寅政権に怒った北朝鮮が「約束通りにカネを払え。嫌なら核実験を再開するぞ」と催促したと見るのが自然だ。金正恩委員長は文在寅大統領と3度も首脳会談を開いてやっているので、その請求書でもあったのだろう。

## 韓国は中朝の使い走り

結局、文在寅政権の外交破綻は末期になって一気に表面化した。北朝鮮との関係だけではない。唯一の同盟国である米国との関係も完全におかしくなった。2022年に入り北朝鮮がミサイルを毎週のように撃った。それなのに、米韓の外相はろくに電話協議もしなかった。緊密に連絡を取る日米外相とは対照的だった。過去に米韓がこれほど疎遠なことはなかった。

米国にとって、北朝鮮のミサイルを脅威と言わない韓国と協議しても何の対北牽制にならないと判断したのであろう。誰が見ても韓国は「北朝鮮の使い走り」に落ちぶれたのだ。

韓国は米国から「中国の使い走り」とも見なされた。2022年1月21日、日米首脳が電話で協議し、同年晩春にバイデン大統領が訪日、Ｑｕａｄの対面での首脳会議を開くことで合意した。

Ｑｕａｄは対中包囲を念頭に置いた日米豪印の4カ国の枠組みだ。中国に気兼ねする文在寅政権はＱｕａｄに一切、関心を示さなかった。この政権まで米国がアジアの安全保障の枠組みを「日米韓」を土台に作っていたことを考えると、隔世の感がある。

保守系紙、朝鮮日報は「バイデンが『春に日本に行く』…訪韓は検討もせず」（1月24日、韓国語版）という見出しの記事を載せた。日米が結束を固める中、韓国が除け者になっていると嘆いたのである。文在寅政権が参加を拒絶したのだから、韓国が文句を言う筋合いはない。しかし、親米保守とすれば、米韓同盟消滅を座視するわけにはいかなかったのだ。

### 米側回帰に「待った」をかける中国

2022年3月9日の大統領選挙で、米韓同盟の再建と日韓関係の修復を掲げる保守の尹錫悦氏が当選した。それを受けバイデン大統領もソウル訪問を発表、5月21日に尹錫悦大統領と会談した。韓国各紙は「米日」より「韓米」首脳会談が先になったと大喜びした。だが、韓国の米国回帰は容易ではない。中国が睨みを利かせているからだ。いち早く中国が牽制に動いたのはTHAADの追加配備問題だった。

大統領選挙で尹錫悦候補は韓国北部への追加配備を公約した。朴槿恵政権が在韓米軍へのTHAAD配備を認めたが、中国の圧力で設置位置を南方に下げた。防衛範囲は韓国の南半分に留まっており、ソウルを含む北半分をカバーするTHAADが必要との声が防衛関係者から高まっていた。

だが中国にすれば、追加配備は明らかな約束違反だ。2017年10月31日、文在寅政権は中国とTHAADに関する合意文書、通称「3NO（三不）」を取り交わした。韓国は①追加配備を米国に認めない、②MD（ミサイル防衛網）を米国と構築しない、③韓米日3国軍事同盟などの中国包囲網に参加しない――の3点だ。

尹錫悦氏は選挙期間中、在韓米軍ではなく韓国軍に配備するので①には違反しない、と主張した。だが、韓国が自前のTHAADを配備しても、敵のミサイル発射を即座に探知するには米国の衛星情報が不可欠だ。米国と情報をリンクした瞬間、②に違反する。仮に、日本の衛星情報を頼みにすれば③を破ることになる。中国は韓国の自前配備という抜け道を予め想定して「3NO」を約束させていたのである。

尹錫悦氏の当選が決まった翌日の3月11日、さっそく中国共産党の対外宣伝メディア「Global Times」が韓国を脅した。社説「China-South Korea ties need 'respect,' and it must be 'mutual': Global Times editorial」だ。「THAAD追加配備は中国の戦略的な安全を破壊する。朝鮮半島の平和と安定のためにならぬし、韓国を不安定な状況に落とし込むことになるかもしれない」と凄んで見せたのである。

3月17日にも同紙は「Cultural exchanges between China and S.Korea warming up but Yoon Suk-yeol must tread carefully: experts」を掲載、「明るい兆しの見えた中韓文化交流に、尹の決定が影響を及ぼすかもしれない」との専門家の談話を引用した。

中国はＴＨＡＡＤ配備以降、韓国のゲームや映画の輸入を完全に禁止していたがちょうどこの頃、解禁のそぶりを見せていた。いったん韓国人を喜ばせておいて「ＴＨＡＡＤの追加配備に動けば、また輸入を止めるぞ」と威嚇したのである。

## 「3NO」はアリ地獄

中国がＴＨＡＡＤと並び神経を尖らすのがＱｕａｄだ。韓国がＱｕａｄに参加すれば、米国との勢力圏争いで中国の失点が明らかになってしまう。

中国は「３ＮＯ」を結んだ時からＱｕａｄの発足を見越していたのだろう。もし韓国がＱｕａｄに参加すれば「３ＮＯ」の③韓米日3国軍事同盟などの中国包囲網に参加しない――に抵触するのだ。韓国が正式参加に動けば、中国はかなりの強度の報復を実施することは確実である。

尹錫悦大統領もそれはよく分かっている。選挙期間中、「［Ｑｕａｄ］傘下のワクチンなどのワーキング・グループに加わりつつ、追って正式な加盟を模索する」と、腰の引けた発言に終始した。米国側に戻ると公約はしたが、Ｑｕａｄの正式メンバーとなってまで中国に立ち向かう覚悟はないのだ。

そんな尹錫悦政権を米国は信用しない。政権発足前の3月19日、韓国にしっかりとクギを刺した。ＶＯＡ（Voice of America）の「米国務省、尹当選者のＱｕａｄ公約に『外部パートナーとの協力手続きなし』」（韓国語版、発言部分は英語と韓国語）である。これを通じ、国務省スポークスマンは「今のところ、Ｑｕａｄは外部パートナーとの協力の手続きは持っていない（To date, the Quad has not developed procedures for cooperation with outside partners.）」と宣言した。

「ワーキング・グループだけに入ることで、中国の報復は避けながら米国にはいい顔をしようなんて虫のいいことは考えるな」と韓国に引導を渡したのだ。親米を掲げる尹錫悦政権になっても、韓国は米中板挟みの苦境から逃れられるわけではない。

ＶＯＡは念を入れた。3月25日には「日本外務省、尹当選者の公約に『Ｑｕａｄ内には参加国拡大論議なし』」（韓国語版、発言部分は英語と韓国語）を報じた。ＶＯＡの質問に応え、日本の外務省が「Ｑｕａｄを拡大する準備なし」と回答したのだ。米国務省が運営するVOAが外国政府のコメントを載せるのは異例だ。

この頃、韓国政府は日本に対し「米国は韓国のワーキング・グループ入りを歓迎している」と言い、日本の賛成を引き出そうと画策。その裏で米政府には「Quad首脳会議のホスト国、日本が望んでいる」と言って「Quad+1」を認めさせようとするフシが見られた。VOAは「そんな子供だましの詐術は止めよ」と韓国を叱ったのであろう。

韓国は「3NO」で中国のアリ地獄に堕ちた。ここから脱するには途方もない力量が必要だ。だが国民の間にも「中国に脅されても米国との同盟を強化しよう」との強い意思は存在しない。米国はそんな韓国を一線級の同盟相手と見なしはしないであろう。

## 韓国にまた謝罪？

日韓関係も、韓国が保守政権に戻ったからといって直ちに改善に向かう可能性は小さい。関係悪化の構造的な要因に変化はないからだ。文在寅政権が対日関係を悪化させた要因は2つある。

まず、高まるナショナリズムへの呼応だ。21世紀に入ってからの韓国人は「日本、何するものぞ」と考え、「日本よりも上の我が国」を実感したがっていた。それに応えるには日韓慰安婦合意や、日韓国交正常化の際に結んだ日韓請求権協定など、日本との約束を踏みにじって見せるのが一番だ。

保守政権に代わっても、韓国のナショナリズムが収まるわけではない。「卑日」のチャンスがあれば、その楽しみをすかさず国民に提供するよう求められるのが韓国の政権である。

選挙期間中、元慰安婦を訪ねた尹錫悦候補は「日本に必ず謝罪させる」と確約したと、元慰安婦は公言した。尹錫悦政権が日本との関係改善に動けば、左派は「大統領は公約を守れ」と声を挙げるだろう。かといって、韓国の度重なる謝罪要求に疲れ果てた日本が再び元慰安婦や自称・徴用工問題で譲歩する可能性は低い。

日韓関係が悪化した2つ目の要因は韓国の従中だ。対中包囲網に加われと命じる米国に対し、韓国人が使ってきたのが「歴史問題の残る日本とは組めない」との言い訳である。

日本との関係改善を公約した尹錫悦政権だが、対中包囲網に加わる覚悟はない。となると、韓国は「謝らない日本が悪い」との言い訳を使い続けるしかなくなる。そもそも、この手法を開発したのは左派ではなく、保守中の保守とされた朴槿恵政権なのだ。

## 中国の力を頼む左派

文在寅政権が韓国の外交を無茶苦茶にした。確たる信念もなく、その場しのぎであっちへフラフラ、こっちへフラフラ。文在寅大統領は中国に行けば、中国と運命を共にすると言ってみせる。米国に行けば米国と共闘するようなことを言う。しかし、米中いずれとの約束も果たさない。日本や北朝鮮に対しても食い逃げばかりしている。貰うものは貰って、後は平気で約束を破る。

韓国を相手にしなくなったのは日本だけではない。米国も北朝鮮も、そして中国からもまともに扱われなくなった。自らの力を過信した傲慢な外交で、孤立の一途をたどったのだ。日韓関係が悪化したのも「日韓関係の特殊性」からではない。「韓国の特殊性」が原因なのだ。

尹錫悦政権はじめ韓国の保守は文在寅政権の外交失政を声高に批判する。だが、韓国外交の迷走は「文在寅政権の特殊性」が原因だったのだろうか。根っこには「どの国と組むか」の合意を作りきれない韓国という国自体にあったと見るべきだろう。

2022年2月24日、「共に民主党」の李洛淵・総括選挙対策委員長は尹錫悦候補の「THAAD追加配備」発言に対し「どこに配備するのか早急に明らかにせよ」と語った。配備先に選ばれた住民を扇動し、反対運動を起こす構えを見せたのである。

「共に民主党」は中国を怒らせ、経済的な報復を受けるとして追加配備に反対している。尹錫悦政権のTHAAD追加配備計画は中国だけでなく、中国の意向を背景に政権打倒を狙う左派からの反対にも直面する。自分の使い走りを買って出てくれる党派を見て、中国は笑いが止まらないだろう。

韓国の自前のTHAAD計画に関し、米国は態度を表明していない。もし、尹錫悦政権が米国の応援を頼みにすれば、それぞれの党派が大国の力を引き込んで勢力争いをしたあげく国が滅んだ李朝末期の再来だ。韓国はこれから内政も外交も不安定になっていくしかないのだ。

## 2 「慰安婦を言い続けるなら見捨てる」と叱った米国

米政府が公開の場で韓国を非難した。韓国があまりに中朝に寄り過ぎたからだ。「同盟の最も弱い輪」は強化できるのか、それとも壊れていくのか。それを真剣に見つめるのが中国である。

### 民主主義の側に戻れ

2021年3月17、18日にソウルで開かれた米韓の閣僚会議は両国の間に深い溝があることを世界に知らしめた。中国包囲網を作ろうとする米国が民主主義国家の側に立つよう求めたのに対し、韓国がソッポを向いたのだ。

破綻が明白になったのは3月17日の米韓外相会談だった。会談の冒頭、A・ブリンケン（Antony Blinken）国務長官は鄭義溶外交部長官を横に置いて、中国と北朝鮮の非道を強く非難した。

中国に関しては香港の自治侵害、台湾への圧迫、新疆ウイグル自治区とチベットでの人権侵害、南シナ海での国際法違反を、北朝鮮については同国国民に対する組織的で広範囲の人権侵害を指摘した。

・China is using coercion and aggression to systematically erode autonomy in Hong Kong, undercut democracy in Taiwan, abuse human rights in Xinjiang and Tibet, and assert maritime claims in the South China Sea that violate international law. And the authoritarian regime in North Korea continues to commit systemic and widespread abuses against its own people.

さらに「米韓同盟は価値を共有する」「人権と自由、法治を重視する自由で開かれたインド太平洋という未来を共に実現したい」「もちろん、米韓は価値を共有している」「我々は基本的権利と自由を求める人々の側に立ち、弾圧する側に反対せねばならない」などと、繰り返し「民主主義の側に戻れ」と要求した。以下である。

・The alliance is unwavering, it's ironclad, and it's rooted in friendship, in mutual trust, and in shared values.

・We want to achieve our shared vision of a free and open Indo-Pacific, anchored by respect for human rights, for democracy, for the rule of law.
・And, of course, we're standing together in support of our shared values.
・We must stand with people demanding their fundamental rights and freedoms and against those who repress them.

**米国を甘く見ていた**

ハンギョレは「ブリンケン米国務長官、中国・北朝鮮に強硬発言…韓国に同調を要求」（3月17日、韓国語版）で、「会談場を凍りつかせた爆弾発言」と評した。

文在寅政権は中国と北朝鮮の顔色をうかがって、両国の非道を一切、批判しなかった。その韓国に対し米国の国務長官が「中朝を非難せよ」と公式の場で命じた。それも会談の冒頭、メディア用語でいう「頭撮り」の時間で、記者もカメラも入っていた。

メディアを含め韓国側は、公開の席で米国から立ち位置を明確にするよう求められるとは思ってもいなかった。そんなことになれば米韓の亀裂が世界に明らかになってしまう。米国にそこまでの覚悟はない、と甘く考えていたのだ。

中央日報の「韓米外相会談、予想外の決心発言『北朝鮮の人権蹂躙に対抗せよ』」（3月18日、日本語版）は、虚を突かれた韓国側の心情を吐露した。

・この日の会談の冒頭発言はメディアに公開することで事前に合意していた。それをよく分かっていたブリンケン長官が冒頭発言でこのように中国を直撃したのは今回の訪韓で該当懸案を重要に扱うという意図を示したとみられる。

・ブリンケン長官の発言は予想より度合いが強いというのが外交街の見方だ。当初同盟の修復を強調するバイデン行政府は初対面のような会談で異見を呈するような議題は公開的には取り上げないだろうという見方が多かったためだ。

## バイデンも使った「直接話法」

米国は業を煮やしていた。文在寅政権にいくら「中朝に忖度するのはやめよ。米国側に戻れ」と言ってもらちがあかない。翌18日の2＋2（外務・防衛担当閣僚会議）の後に発表された米韓共同声明にも、中国や北朝鮮への非難は盛り込まれなかった。もちろん韓国が反対したからだ。

それを見越したブリンケン長官は韓国メディアの前で「人権弾圧を批判しろ」と語ることで、韓国人に直接「米国をとるのか、中国か」と迫ったのである。

米国は韓国に対し時々、こうした露骨な手法を使う。非公開の会談でいくら米国が要求しても、韓国政府は都合の悪いことは無視する。韓国メディアから追及されても「米国から要求はまったくなかった」などと嘘を発表するからだ。Ｑｕａｄが好例だ。米国がいくら参加を念頭に説明しても、文在寅政権は韓国メディアに対し「そんな話は一切聞いていない」と言い張った。

バイデン大統領も副大統領当時、同じ手を使った。２０１３年12月６日にソウルで朴槿恵大統領と会談した際、冒頭発言で「米国の反対側［中国］に賭けるな。米国は韓国に賭け続ける」と語ったのだ。

・As I said in my visits thus far in the region, it has never been a good bet to bet against America.　It has never been a good bet to bet against America.　And America is going to continue to place its bet on South Korea.

日米韓の軍事協力強化を求める米国に対し、朴槿恵政権は「慰安婦問題で反省しない日本とは組めない」ことを理由に拒絶していた。そこでバイデン氏は「本当は中国が怖いからだろう」と図星を突いたのである。この時も、韓国記者の前で指摘することにより「米国はすべてお見通し。つまらぬ言い訳はもうするな」と韓国民に直接伝えようとしたのだ。

もっともこの発言は短く、表現もやや抽象的だったので韓国政府は「通訳ミス」と言い張って誤魔化そうとした。それが功を奏さないと見ると「バイデンは失言王」と新聞に書かせ、「韓国を下に見る無礼な米国」像を強調した。反米感情を掻き立てることで、国民の目をそらしたのだ。

### 「金正恩ショー」目指し蚊帳の外

2021年3月の「頭撮り発言」は、さすがに韓国政府も誤魔化せなかった。ブリンケン長官がくどいほど「西側に戻れ」と語ったからだ。どんなに勘の鈍い記者でも韓国批判とすぐに気づく。保守系紙は「米国の怒り」を大きく取り上げた。

中央日報の社説「韓米外交・国防長官会議で明らかになった米国の基調変化、直視す

### 図表④　米国から侮蔑・難詰された韓国大統領

| 金大中（2001年3月8日） |
| --- |
| ワシントンでの米韓首脳会談後の会見で、横に立ったブッシュ大統領から「Mr. president」ではなく「this man」と呼ばれた。同会談と、その前の電話協議で北朝鮮への融和政策を執拗に説いて不興を買ったためと見られている。 |
| **盧武鉉（2007年11月7日）** |
| 訪韓したゲーツ米国防長官を接見した際に「アジア最大の安全保障上の脅威は米国と日本」と発言。ゲーツ氏は2014年に出版した回顧録『Duty』で、この発言を明かしたうえ「anti-American」「a little crazy」と評した。 |
| **朴槿恵（2013年12月6日）（2015年10月16日）** |
| 訪韓したバイデン副大統領との会談の頭撮りの際に「米国の反対側に賭けるな」と「離米従中」を批判された。韓国外交部は「通訳ミス」と誤魔化そうとしたが、ホワイトハウスがバイデン発言を公表したため水泡に帰した。<br>ワシントンでの米韓首脳会談後の共同会見で、オバマ大統領が「韓国が米国と同じ声をあげることを期待する」と発言。2015年9月3日に中国が天安門広場で開いた抗日戦勝70周年記念式典に西側首脳として唯一参加したうえ、南シナ海での中国の違法行為を韓国が一切批判しないことを非難したと受け取られた。 |
| **文在寅（2019年4月11日）** |
| ワシントンでの米韓首脳会談で側近退出後、首脳2人で会ったのは2分間だけ。それも夫人は同席したままだった。頭撮りの際、トランプ大統領が記者との質疑応答に長時間を費やした結果だ。非核化に応じない北朝鮮への制裁緩和を執拗に迫る文在寅大統領を無視する狙いと見なされた。 |

るべき」(3月19日、日本語版)はこう警告した。

・米国務長官がソウルで北朝鮮［の］人権はもちろん、香港・新疆の人権弾圧を具体的に取り上げて共同対応を要求したのは前例がないことだ。ブリンケン国務長官は本会談でも、北朝鮮・中国の人権に対する韓国の明確な立場表明と韓日関係改善を求めたことが分かった。

・韓国政府が従来の戦略的曖昧性だけを守って受け入れを避ける場合、大韓民国は同盟の蚊帳の外に置かれて仲間はずれの境遇に転落する公算が大きい。

朝鮮日報は主に、文在寅政権が「北朝鮮の非核化」を主張しなかったことに焦点を当て、その「従北」ぶりを非難した。社説「文政権が韓米共同声明に『北の非核化』を盛り込まないよう動いた」(3月19日、韓国語版)のポイントを翻訳する。

・現在、韓米同盟の最大の懸案は北の核だ。しかし韓米共同声明のどこを見てもその言葉は見当たらない。「北の核・弾道ミサイル問題が優先的な関心事であり解決する」とあるだけだ。

・米国は日本との2+2の共同声明で「完全な北朝鮮の非核化」を明示した。韓米共同声明だけから「非核化」が抜けたのは、韓国側の要求と見るほかない。「なぜ、抜けたのか」との質問に、外交部は「分量制限のため」と答える。笑うべきなのか、泣くべきことなのか。

・こうして金正恩ショーをもう一度やり、次の大統領選挙で勝つことがこの政権の目標であろう。彼らは遠からず北の核の黙認と幇助《ほうじょ》という本性を現すだろう。

2つの保守系紙は、中朝に言いなりの韓国に、米国が本気で怒りだしたとようやく気が付き、危機感を表明したのだ。

## 韓国外相が米国に「NO!」

中国は大喜びした。中国共産党の対外宣伝媒体、Global Times は米韓共同声明が発表された3月18日の夕刻、いち早く「China-free US-SK joint statement shows Seoul's rationality, pragmatic consideration of geopolitical interest: analysts」を掲載した。「米国は米韓共同声明

に対中非難を盛り込むのに失敗した！　韓国よ、よくやった。褒めてやるぞ」と小躍りしたのである。

「もっとも弱い輪の『米韓』を断ち切ることで中国包囲網を突き崩そう」と中国は常に狙う。Global Times の評論「S. Korea 'weak link' of US strategy to encircle China」（3月17日）の見出しが、本音そのままだった。

米韓2＋2が終了した直後の3月18日夕刻、中国を喜ばせるニュースがもう1つ発生した。鄭義溶外交部長官が聯合テレビのインタビューで「米国は我が国の唯一の同盟国であり、中国は最大の交易国だ。米国と中国の間で両者から1つを選ぶのはありえないことであり、そんな接近法は不可能と考える」と語ったのだ。

「米中二股」の発想は韓国では珍しくない。だが、外交部長官が、ことに米韓2＋2の直後に言い放ったのだ。「何と要求されようと、中国包囲網には絶対に加わらない」と米国に向かって韓国政府が公式に宣言したのも同然だった。

米国は要求を突き付けた瞬間にソッポを向かれた。ただ、それは織り込み済みだったのだろう。文在寅政権の中枢部は反米左派が占めている。大統領自身も「米帝国主義が諸悪の根源」と断じる本を愛読し、国民にも勧めていた（『米韓同盟消滅』第1章第1節参照)。「米国か、中国か」と踏み絵を突き付ければ、こうした反応が返って来ることは十分に予想できた。

ブリンケン長官が踏み絵を突き付けた相手は文在寅政権ではなく、韓国の国民だったのだろう。韓国人一人ひとりに「我々と肩を並べて中国と戦う覚悟があるか。中立という選択はないぞ」と言い渡したのだ。何を言おうが反米路線を変えない文在寅政権を相手にしても意味はない。それよりも1年後――2022年3月の大統領選挙で親米政権が誕生するよう画策した方が合理的と考えたに違いない。

「中立を許さない厳しい米国」との姿勢を示せば、選挙で反米左派候補の票を減らし親米保守候補を後押しできる、との計算だったのだろう。現にブリンケン発言に驚いた保守系紙は「米国側に戻ろう」と叫び始めた。

逆に、「離米従中にも怒らない米国」を続ければ、「二股外交も可能」と判断した韓国人は安心して左派候補に投票できる。「甘い顔をする米国」は、反米左翼政権の永続を助けることになる。

## 左派政権に北朝鮮の長い影

バイデン政権の「韓国への警告」は思い付きではない。腰が入ったものだった。政権スタート時から、国務省で中国と北朝鮮を担当する次官補代理にはJ・パク（Jung Pak）氏を任命した。韓国系米国人で、韓国の内情を知り尽くしている専門家である。CIA（中央情報局）で分析官も務めた。

ブルッキングス研究所から政権入りする直前の2021年1月22日、パク氏は「North Korea's long shadow on South Korea's democracy」という論文を発表した。

パク氏は「文在寅政権は人権運動家や北朝鮮からの亡命者に圧力をかけている。北の体制に批判的な記者の取材を妨害もした。権力を自身に集中させる点では、過去の保守派の大統領と変わらない」と言い切った。米国務省で韓国を担当する高官が就任前の論文とはいえ、韓国の政権を口を極めて非難したのだ。

見出しに「北朝鮮の長い影」とあるのは、韓国の民主主義を破壊しているのは北朝鮮と見なしたからだ。パク氏は「保守派の大統領は悪名高い国家保安法を使って親北朝鮮的な情緒まで取り締まった。一方、文在寅政権は親北政策への反対を抑え込むために［保守政権から］やられたことをやり返している」と書いた。

リベラル派の代表的な論客ながら、文在寅政権下での民主主義の後退を厳しく批判する崔章集・高麗大学名誉教授の意見をもパク氏は繰り返し引用した。韓国人が読めば「左派政権を続けると、米国からまともな国扱いされなくなる」と思い至る仕掛けである。

## 耳にタコの「慰安婦」「徴用工」

保守系紙、東亜日報もワシントン発で米政府の怒りを報じた。匿名を条件にバイデン政権の韓国担当者にインタビューして、元・慰安婦や自称・徴用工問題で日本と対立を続けるのなら同盟を打ち切るぞ、との談話を引きだしたのだ。「歴史問題」で日韓が対立した際には日本に譲歩させるのを常套手段にしていた米国が、明らかに変わったのである。

「『最悪に突き進む』韓日関係に…米『韓国に対する期待を放棄するかも』と圧迫」（２０２１年２月10日、韓国語版）から、その部分を訳す。

・バイデン政権の高官は２月９日（現地時間）、本紙に「私たちはＱｕａｄの協議体化を急いでいる。日本との関係改善にも注目している」とし、「韓国が（日本との関係で）前に進まないなら、バイデン政権はパートナーとしての韓国に対する期待を放棄しうる」と述べた。

・この当局者は「我々が韓国から聞かされることといったら、シンガポールの米朝首脳会談の精神と、慰安婦、強制徴用問題だけ」「世界的なイノベーション国家である韓国が、北朝鮮や日本問題に関しては、いかなるイノベーションもしていない」と語った。

文在寅政権は元慰安婦や自称・徴用工を問題化して日本と摩擦を引き起こし、それを理由に日米韓の安保協力を拒んできた。しかし同盟強化を図るバイデン政権は、歴史を言い訳に同盟を壊す茶番劇は辞めろと就任早々から韓国に警告したのである。

ことに慰安婦問題はオバマ政権当時、バイデン副大統領が安倍晋三首相と朴槿恵大統領の間で保証人になって、日韓合意にこぎつけた経緯がある。その慰安婦合意を文在寅大統領はいとも簡単に反故にした。そのうえ、「徴用工」にも対日戦線を広げた。顔に泥を塗られたバイデン大統領が「いい加減にしろ」と怒り出すのも当然だった。

この政権の怒りの激しさは「パートナーとしての韓国に対する期待を放棄しうる」と

の表現からうかがえる。要は「日本との関係を改善しないと、同盟を打ち切るぞ」と言い放ったのだ。

**中韓の価値観は共通？**

米議会も韓国民への警告に加わった。米上院外交委員長に就任直前のR・メネンデス（Robert Menendez）上院議員（民主党）は朝鮮日報を通じ「韓国民主主義の自壊」を痛烈に非難した。

インタビュー記事「文の中国共産党祝賀に失望…こうなるために我々は血を流して韓国を守ったのか」（2021年2月3日、韓国語版）から同議員の発言を拾う。見出しの「中国共産党祝賀」とは2021年1月26日、文在寅大統領が習近平主席との電話協議で「中国共産党創建100年を心から祝う」と述べたことを指す。

・（文在寅大統領の中国共産党への祝辞には）失望し（discouraging）、懸念している（concerning）。中国が香港人にしていること、台湾に加えている威嚇などは本当に憂慮すべきだ。（中共の）そんな歴史に大喜びするなんて私には理解できない。

・文大統領は習近平におもねろう（flatter）として言ったのかもしれない。が、最終的にそれ（中共の価値）が世界や韓国と共有する価値ではないことを理解しているよう願う。
・こうなることを願って我々は［朝鮮戦争で］共に血を流したのではない。その後も韓国の防衛と朝鮮半島の非核化のために資源を投入しているのではない。
・2020年末に公布された「対北朝鮮ビラ禁止法」に関し、文大統領は（対北ビラを）挑発的だと見ているのかもしれないが、私はそう見ない。情報の流れは普遍的な権利だと考える。北朝鮮の人々に情報を提供することが重要だ。北朝鮮の人々が苦痛の中にあった時、我々が彼らの側に立っていたことを明確にせねばならない。
・バイデン政権は全世界で「人権」と「民主主義」を米外交の礎石（cornerstone）に格上げすることになる。（上院外交）委員会が北朝鮮の人権問題を提議するよう望んでいる。

### 説教するつもりはないが……

メネンデス上院議員は「米国は文在寅とは価値観を共にしない」と宣言した。そのうえ、価値観を共有しない韓国との同盟は打ち切るぞと示唆した。

・韓国に説教するつもりはない。（米韓同盟のスローガンが）「共に行こう」であるのは、我々が価値を共有しているからだ。韓国に何らかの変化がない以上は、（民主主義と人権という）その価値を韓国民が守ると仮定するということだ。

韓国と価値観を共有するからこそ同盟を維持してきた、と強調することで「民主主義をおろそかにするなら見捨てる」と警告したのだ。「説教するつもりはない」と言いつつも、露骨に脅したわけである。

韓国の民主主義の後退は米国の外交専門家の間で常識になっていた。そこでメネンデス上院議員も文在寅政権の「離米従中」に警告を発する際に、「人権」や「民主主義」といった米国との共通の価値観の喪失を武器に使ったのだろう。

韓国には「見捨てるぞ」と通告した方が効果的だ。率直に「離米従中するな」と言えば逆効果になる。韓国人は米国から「戻って来い」と袖を引かれると「自分は米国にとって不可欠な存在なのだ」と思いこみ「何をやっても米国から見捨てられない」とばかりに、ますます米中二股に精を出す。

そこはメネンデス上院議員も十分に分かっているのだろう。朝鮮日報に繰り返し「中国側に付くな、と言っているのではない」と語った。
・米国は、韓国が中国に対抗して絶対に米国側に付かなければならないと頼んでいるわけではない。破壊的な朝鮮戦争の後、韓国を強い国、信じがたいほどの経済的な虎にしたその原則を擁護してほしいとお願いしているのだ。
・これは米中間の対決で韓国が米国の側に付くという問題ではなく、我々が共有している民主主義・自由市場・法治・反腐敗・紛争の平和的で外交による解決・人権といった価値を守るための問題だ。

## 米軍も威嚇攻勢

行政府や議会がいくら「見捨てるぞ」と脅しても、韓国人は馬耳東風と米政府は考えたのかもしれない。国務省が運営するVOAの韓国語版は、韓国とゆかりの深い米国の軍人を通じ「韓国とは軍事的にスクラムを組めない」と語らせた。

2021年1月末から2月上旬までの短い期間に、B・ベル（Burwell Bell）退役陸軍大将の発言を引用した記事（発言部分は英語と韓国語）を3本も載せた。同大将は2006年から2008年まで米韓連合軍司令部の司令官を務めた朝鮮半島専門家だ。

・「元韓米連合司令官ら『合同訓練を正常化せよ』…訓練縮小の主張に『準備体制を毀損』」(1月28日)

・「ベル元司令官『米韓は共同声明を通じ北朝鮮の挑発には懲らしめるぞと警告すべきだ』」(1月30日)

・「元韓米連合司令官『性急な作戦統制権の転換、戦時の派兵と核打撃能力を制限』」(2月10日)

文在寅政権は北朝鮮の顔色を見て、米韓合同演習の再開に反対している。VOAは1番目の記事で「それでは韓国をちゃんと守れないよ」とクギを刺したのだ。

### 核の傘も提供しない

2番目の記事は「北朝鮮が核・ミサイル実験を実施したら報復するぞと米韓で警告しておこう」との呼びかけである。バイデン政権の発足に伴い、北朝鮮と中国が米韓同盟の結束度合いを確かめたくなっている。それを試すために北朝鮮が核・ミサイル実験を再開する可能性が高い。先手を打って共同声明を出し、牽制しておこう——とベル退役大将は訴えたのだ。

確かに、米韓同盟は大きな亀裂を生じていて、つけ込まれそうになっている。米国とすれば韓国に米国寄りの姿勢を表明させ、亀裂を隠したい。

「報復」を唱える米韓共同声明に文在寅政権は応じなかった。それは誰もが予想した通りだったが、こうでも言っておかないと北朝鮮が舐めてくる、とベル退役大将は考えたに違いない。実際、翌2022年3月24日にICBMの発射実験を再開した。

3番目の記事は韓国軍の戦時作戦統制権の返還を任期内に実現しようと狙う文在寅政権への牽制だった。返還と同時に在韓米軍は韓国軍司令官の指揮下に入る約束になっている。

左派政権が戦争を指導することになれば、どれだけ本気で北朝鮮と戦うか怪しい。当然、米軍兵士の命も危うくなる。ただ、今さら「左派政権だから、その指揮は受けない」と言えない。そこで有事の際に兵を増派しないし、核の傘で守らないかもしれないと、同盟無効化をちらつかせて返還に反対したのである。結局、米国は文在寅政権中の作戦統制権の移管は拒否し続けた。

## 「米韓同盟は持って20年」

結局、2022年3月の韓国大統領選挙では、保守政権が返り咲いた。米国の韓国人への呼びかけは功を奏したのだろうか。そうとは言い切れない。

保守「国民の力」の尹錫悦候補の得票率は48・56%で、左派「共に民主党」の李在明候補の47・83%をたった0・73%上回ったに過ぎない。2・37%の得票率で3位に終わった左派「正義党」の沈相奵（シム・サンジョン）候補と李在明候補が一本化していれば、左派が勝った計算になる。

選挙戦では「米国側に戻ろう」と呼びかけた尹錫悦候補に対し、左派候補は「中国との関係の重要さ」を訴えた。韓国人は時に中国への反感を見せはするが、中国に逆らってまで生きようとはしない。

2013年、ある米国のアジア専門家が「米韓同盟はもう長くは持たない」とこぼすのを聞いた。共通の敵のない同盟はもろい、との判断からだった。当時は保守の朴槿恵政権時代だったが、韓国の対中傾斜が始まっていた。同じ頃、日本の安保専門家も米軍関係者から「米韓同盟は持ったとしても、あと20年」と聞かされた。もう、さほどの時間は残っていない。

## 3 「韓国は人権無視国家」と米国が認定

米政府が議会とともに韓国を人権無視国家と非難した。「ウクライナ」でも両国の価値観の差が浮き彫りになった。米国は韓国の異質性にようやく気付いた。「自由と民主主義」を掲げ、西側の結束を図る時になって――。

### 人権報告書で韓国を「告発」

ブリンケン国務長官の対中非難要求を鄭義溶外交部長官が蹴り飛ばした（第3章第2節）。その2日後の2021年3月20日、米政府は強烈な対韓攻撃を仕掛けた。「2020年版の国別人権報告書が曺国（チョ・グッ）氏ら韓国の左派政治家のセクハラや腐敗を列挙する」と、国務省の正式発表に先立ちVOAが報じたのだ。人権報告書としては珍しく制度や法律ではなく、特定の個人を対象にした。

「米国務省　人権報告書、韓国の公職者の腐敗・セクハラを明示…曺国・朴元淳・呉巨敦の事件羅列」（韓国語版、一部は英語）でVOAが報じた韓国人の名前と「罪状」を抜き出す。
・曺国・元法務部長官＝収賄、権力乱用、公務員としての倫理規定違反で起訴された。夫人の鄭慶心（チョン・ギョンシム）氏や家族らも取り調べを受けている。
・尹美香（ユン・ミヒャン）国会議員＝「日本軍性奴隷制問題解決のための正義記憶連帯」理事長に在職時、詐欺、業務上横領、職務遺棄などで起訴された。
・金弘傑（キム・ホンゴル）国会議員＝金大中・元大統領の3男。候補者登録の際、財産を過少申告したとして「共に民主党」から除名された。
・朴元淳（パク・ウォンスン）前ソウル市長＝2017年以降、同意なしに女性秘書に繰り返し身体接触し、不適切なメッセージと写真を送った。秘書がセクハラを申告し警察が受理した翌日に本人は自殺。女性の権利の代弁者として有名で、1993年には弁護士として、韓国初とされるセクハラ裁判で名を挙げた。
・呉巨敦（オ・ゴドン）前釜山市長＝部下の女性職員に不適切な身体接触し、辞任後にセクハラ容疑で起訴された。

曺国氏は文在寅大統領の懐刀と言われた人であり、他の人も全員、与党「共に民主党」の党員だった。「米政府の告発状」には左派の政治家の悪事だけがずらりと並べられたのである。

## 反米左派を狙い撃ち

ＶＯＡも報告書の異様さを強調した。前文で「米国務省が異例にも韓国の公職者の腐敗とセクハラを具体的に明示し注目される」と書いた。記事の末尾でも「国務省はこれまで韓国の人権状況に関し、主に国家保安法、良心的兵役拒否などの問題を提起してきた」と指摘した。

なお、これに続けて「『２０１６年版の国別人権報告書』で朴槿恵大統領の昔からの友人であり側近の崔順実（チェ・スンシル）氏が詐欺と脅迫、権力乱用容疑で拘束起訴された、と腐敗問題を提起したことはあった」と書いた。ＶＯＡは――国務省は「反米左派を狙い撃ち」と見なされるのを懸念して「保守の腐敗を指摘したこともある」と注を付けたのだと思われる。

こんな左派攻撃に絶好のネタを保守系紙は見逃さなかった。朝鮮日報は直ちに「朴元淳・曺国・尹美香…韓国の人権・腐敗を指摘した米国務省」（3月22日、韓国語版）を載せた。

この記事は報告書が「表現の自由の侵害」にも言及していると伝えた。朝鮮日報は報告書を独自に入手し、VOAの記事にない部分を掘り起こしたのだ。その部分を翻訳する。

・国務省人権報告書・韓国編は概要で「（報告書に）含まれる重要な人権問題」で表現の自由の制約に真っ先に言及した。

・その事例の1つとして挙げた北朝鮮向けビラ禁止に関し、国務省は「人権活動家と野党政治指導者たちは表現の自由の侵害と批判している」と指摘した。

・「言論の自由」と関連し、国務省は曺国元法務部長官に対する名誉毀損の嫌疑により1審で懲役8カ月を宣告され、法廷で拘束されたジャーナリスト、ウ・ジョンチャン氏の事例に言及した。

・国務省は「国境なき記者団が、名誉毀損を懲役刑で罰しうるという司法体系は国際基準に合致しないと言及したうえ、ジャーナリストが大統領の参謀に対する名誉毀損で懲役刑を宣告されたことに憂慮を表明した」とした。

・コ・ヨンジュ前放送文化振興会理事長が文在寅大統領を「共産主義者」だと主張したところ、名誉毀損で１審無罪、２審有罪と宣告された。これについても「保守のＮＧＯなどが無罪宣告破棄は政治的決定と批判している」と書いた。

## 「人権派大統領」の下で人権問題

朝鮮日報のこの記事は報告書を引用したうえで、「人権」を振り回してきた文在寅政権を次のように冷笑した。

・キム・ソギュ元統一院次官は21日「トランプ大統領の衝動的対北政策に便乗し北朝鮮の人権は後回しにしていた文在寅政権が、民主主義の価値を重視するバイデン政権の登場で非常事態に陥った」とし「大統領が人権弁護士出身というのに、人権問題の指摘を受けるという状況が起きた」と語った。

この記事は「なぜ、国務省が韓国のセクハラ・腐敗問題を人権報告書でこと挙げしたか」に関しても考察した。

・外交関係者の間では国務省が北朝鮮の人権と同時に、与党関係者らの不正腐敗、セクハラの事例にまで言及したことに注目する雰囲気だ。

・キム・ホンギュン前朝鮮半島平和交渉本部長は「米国が同盟国に対する人権報告書で、わざわざ盛り込む必要もない内容を入れた背景を把握するため、外交部が奔走するだろう」と述べた。

・元外交部幹部は「韓国政府が北朝鮮の人権問題から目をそらすことに対し、米国が全面的な民主主義の退行との観点で見つめている可能性がある」と語った。

この指摘は実に興味深い。「民主主義の旗手」を演じながら民主主義を壊す左派の欺瞞性を国務省の人権報告書が突いたのだ。第2章で書いた通り、韓国の内側から——保守だけでなく、リベラル派の一部からも民主主義が壊れ始めた、と悲鳴が上がっていた。それに外から共鳴したのがこの人権報告書だった。

## 「三流国家に転落」と嘆く

韓国人は極端に「外の目」を気にする。中央日報は人権報告書を報じた記事に「表現の自由・ジェンダー・人種…世界が韓国人権乱打」（3月23日、日本語版）との見出しを付けた。韓国語版の見出しもまったく同じである。

人権報告書を論じた社説の見出しも日本語版、韓国語版ともに「大韓民国はどうして三流人権国家に転落したのか」（3月23日）だった。「世界が乱打」「三流国家」――。韓国を世界が笑っている、と中央日報は嘆いた。

「アジアで唯一、経済成長と民主化を独自に成し遂げ、世界で最も優秀な民族として尊敬を集めている」との自画像を描く韓国人は大きなショックを受けた。

記事の書き込み欄には「我が国を見下す米国への憤懣」も寄せられたが、「文在寅独裁は大韓民国の民主主義と人権を30年前に後退させた」といった政権批判も相次いだ。米政府と韓国保守メディアの共闘は功を奏したのである。

4月15日には米議会の超党派の「トム・ラントス人権委員会」が韓国の民主主義に疑問を呈する聴聞会を開いた。聴聞会の正式名称は「韓国の市民的、政治的権利：朝鮮半島の人権に関する示唆点」で、リモートで開かれた。

主にやり玉に挙げたのは文在寅政権が定めた「対北ビラ禁止法」。この法律は2020年12月2日に野党の反対を無視し、与党「共に民主党」が単独採決で可決した。韓国では北朝鮮から逃れてきた人々や保守派が、印刷物や電子記憶媒体を風船で北に向けて飛ばしてきた。閉鎖空間に住む人々に北朝鮮内外の情報を伝えるのが目的だ。

それを突然に禁止したのは、2020年6月4日、金正恩委員長の妹、金与正（キム・ヨジョン）労働党副部長が敵対的行為を禁止した板門店宣言をたてに対北ビラをやめさせるよう、文在寅政権に要求したからだ。

北朝鮮は6月16日には、開城の南北共同連絡事務所を爆破した。北との関係改善を人気取りの材料にしてきた文在寅政権は、慌てふためき対北ビラ禁止に動いたのだ。

韓国の保守は「北の言いなりになるな」と反対したが、それ以上に問題視したのが米政界だった。人権派議員は韓国で法案が通過するや否や、必ず米議会で追及すると宣言。金日成（キム・イルソン）主席の誕生日で、北朝鮮最高の記念日である4月15日に聴聞会を開いたのである。

### 「ビラ禁止法を廃棄せよ」

聴聞会は実に韓国に厳しいものだった。民主党と共和党から1人ずつ出た共同議長は声を合わせて「対北ビラ禁止法は言論の自由を侵し、国際的な規約に反する」と断じた。VOAの「米議会、対北ビラ禁止法聴聞会…参加者らは『韓国の人権侵害を憂慮』」（4月16日、韓国語版、発言部分は英語と韓国語）から引用する。共同議長のC・スミス（Chris Smith）下院議員（共和党）の発言は以下だ。

・I believe then and I believe now that this law currently under review by the Korean Constitutional Court unduly infringes upon freedom of expression under both the Korean constitution and the International Covenant on Civil and Political Rights.

「言論の自由を侵す対北ビラ禁止法は、韓国憲法とICCPR（市民的及び政治的権利に関する国際規約＝自由権規約）の双方に反している」と明快に述べたのだ。「韓国憲法」が出てくるのは、韓国の憲法裁判所に同法が違憲との訴えが出されたからだ。

スミス議員は、北朝鮮と中国の人権問題に対する韓国政府の姿勢がどんどんおよび腰になっているとも指摘した。

・What I really think is extremely alarming is a retreat by the South Korean government from its long-standing commitment to human rights vis-a-vis North Korea and China, a sensibly in the cause of fostering better relations or achieving nuclear nonproliferation.

北朝鮮の非核化を言い訳に、文在寅政権が国連などでの対中・対北非難に加わらないことも批判したのだ。もう1人の共同議長、J・マクガバン（James McGovern）下院議員（民主党）もＩＣＣＰＲに違反するとして「同法を見直せ」と韓国議会に迫った。

・Personally, I hope the assembly decides to fix the bill. Again that's the advantage of living in a democracy. There's always a chance for a redo. International human rights law provides guidance on what is and is not acceptable when it comes to restricting freedom of expression for security reasons. If the assembly does revisit the law, I would encourage legislators to take that, that guidance into account.

聴聞会で証人として発言したのは韓国系米国人の国会議員2人、北朝鮮人権運動家、朝鮮半島専門家、韓国の元外交官ら。1人の韓国人弁護士を除き、文在寅政権の人権無視政策を一斉に批判した。

**軍事独裁政権に戻った**

スミス議員は「これで終わると思うなよ」とも発言した。米議会が運営するRFA（Radio Free Asia）の「米議会、『対北ビラ禁止法』聴聞会開催…『法改正が必要』」（4月15日、韓国語版、発言部分は英語と韓国語）が報じた。

・This is the beginning, it's not the last hearing... We are not ready to announce the date yet, but we'll look to the follow-up.

韓国政府がこの聴聞会の開催を阻止しようとしたうえ、統一部の報道官が「この聴聞会には議決権がない」などと貶める発言をしたのに反発した、と韓国では受け止められた。

ＶＯＡは「『表現の自由』を重視する米国、韓国の『対北ビラ禁止法』にも強く憂慮」（4月16日、韓国語版、発言部分は英語と韓国語）で、聴聞会の文在寅非難には行政府も足並みをそろえている、と強調した。

バイデン大統領の「外交の根幹に民主主義の価値を置く」との発言を引用したうえ、国務省報道官室関係者の以下の発言を報じた。議会だけではなく、行政府までが韓国に対北ビラ禁止法を取り下げろと要求したのだ。

・We respect the fact that the ROK, as a democracy with an independent and strong judiciary, has tools in place to allow for review of the law.

この聴聞会を論じた朝鮮日報の社説の見出しは「韓国の民主主義への憂慮が噴出した米聴聞会、軍事政権当時に戻った」（4月17日、韓国語版）。「軍事政権に戻った」と見出しに取ったうえ、本文でも「民主化を勲章のように押し立てる大韓民国の政権下で数十年ぶりにこんなことを再び見るとは想像もしなかった」と書いた。それも当然だった。

１９８７年6月の民主化まで、米国では「反人権・反民主主義の韓国を支援すべきか」との議論が議会で、時には行政府で起きていた。何と、それが自称・民主化勢力の政権下で再現したのだ。

**「慰安婦委員会」が韓国を糾弾**

実は、トム・ラントス人権委員会は韓国の対日攻撃材料である「慰安婦」に深い因縁がある。委員会の名称のもととなったのは故・T・ラントス（Tom Lantos）下院議員（民主党）。

２００７年6月26日、「従軍慰安婦問題の対日謝罪要求決議」が下院外交委員会で採択。次いで7月30日には下院本会議でも採択されたがこの時、下院外交委員長だったラントス議員は「日本の歴史否認」を激しく糾弾した。

これを機に、韓国は「日本の慰安婦犯罪」が国際的に認められたとして対日攻勢を強め、日本は防戦一方に回ることになった。決議採択の背景には韓国と中国の活動があった。当時の韓国紙には、さりげなく「外交的成果」を誇る記事も見受けられた。

ラントス氏は人権委員会の創設者だった。２００８年2月に同氏が亡くなった後、米議会は同委員会にその名を冠したのだ。そのラントス人権委員会が、今度は韓国の反人権、反民主主義を糾弾する場になったのだから皮肉な話である。

米国の行政府と議会が足並みをそろえ、対北ビラ禁止を非難したのは実利的な側面も大きい。情報を流しこむことは北朝鮮の独裁体制を揺さぶる最高の手段だからだ。だからこそ北朝鮮が嫌がり、北朝鮮の言いなりの文在寅政権が禁止したわけである。

韓国人に対し「文在寅政権は見限ったぞ」とのメッセージを送る狙いもあっただろう。2022年3月の選挙で再び反米左派の大統領を選んだら米国はただではおかないぞ、と恫喝したのだ。韓国の保守系紙もそれに応え「米国の怒り」を大きく伝えたのである。

それに対し左派メディアは「聴聞会の不当性」を訴える作戦に出た。ハンギョレは聴聞会の前から社説「米議会の聴聞会では対北ビラ問題が正しく伝わるべきだ」（4月9日、韓国語版）で「証人が偏っている印象がある」と牽制していた。

## 「他人の言論の自由」には鈍感

人権を掲げての左派政権批判は成功したのだろうか？　それは微妙だ。米国にうるさく言われれば、仮に正しい指摘だと思ってもプライドが傷つく韓国人もいるからだ。

1970年代―80年代に韓国の独裁や人権弾圧が米国から批判された際、韓国政府は「内政干渉」と反発し、国内からもある程度の支持を得た。

そもそも、対北ビラ禁止法に対する韓国内での評価は五分五分なのだ。世論調査会社、リアルメーターが2020年6月10日に調べた結果、この法案に賛成する人が50・0％、反対が41・1％。賛成する人が少し上回っていた。

民主化したといっても韓国人は、米国人ほどに「民主主義」に敏感ではない。韓国人も「言論の自由」を唱えるが、自分の主張を一方的に押し通す権利を要求しているに過ぎない。「他人の言論の自由」を尊重しはしないのだ。

朝鮮日報に、韓国の民主主義の水準を示す興味深い記事が載った。「米国から反人権・反民主国家と認定された韓国」（4月16日、韓国語版）である。

姜仁仙（カン・インソン）副局長らが経済社会研究院のシン・ボムチョル・センター長に、韓国が外交的に進むべき道を聞いた記事だ。まず、対北ビラ禁止法に関し、シン・ボムチョル氏は「国民が憤慨し阻止すべきことなのに、こんなことを米国から問題提議されるとは恥ずかしい」と述べた。

米国から言われて初めて言論の自由の侵害と気付いた韓国人が多い、と告白したのである。韓国にも同法に反対の人はいたが、主な理由は「北朝鮮の言いなりになるのは不愉快」ということだった。

シン・ボムチョル氏も質問する記者も親米派で、「中国ではなく米国側に付こう」と強調する記事だった。ただ、その理由が興味深い。シン・ボムチョル氏は「我々の子孫の時代は深刻に悩むことになろうが、まだ、そうではない。軽挙妄動すれば棒で叩かれる」と語ったのだ。

現時点では米国の方が優勢だから、米国側にいるべきだ——との主張である。記者も「米中どちらが優位か」ばかりを聞いた。要は、米国の方が強い間は米国側に居続けよう、との前提で議論していたのである。

裏を返せば、中国の方が強くなればそっちに行こう、ということになる。中国的な価値観の下で生きるのはまっぴらごめんだ、との思いはまったく見られない。

## 「中国に勝ったことがない」

韓国人は保守派でも「中国が支配する世界」に拒否感はない。もちろん、正面切って聞けば「米国が支配する世界の方がいい」と答える人がほとんどだ。ただ、韓国人は

「中国が支配する世界」には慣れている。新羅以降、中国の歴代王朝に朝貢してきたのだ。

２００９年、本音を語ってくれる韓国の指導層の1人に「なぜ、韓国人は中国に立ち向かわないのか」と聞いてみたことがある。答は「日本と異なり、中国との戦争で勝ったことがないから」だった。

「新羅が唐を半島から追い出した羅唐戦争（６７０―６７６年）では勝ったではないか」と重ねて聞くと、「そんな大昔のことは意識に残っていない」とさびしそうに笑ったのが印象的だった。

この聴聞会で明らかになったように、米国の外交専門家の間では「韓国の民主主義の後退」は共通認識となった。ただ、北朝鮮や中国に頭の上がらない左派政権が原因と見なす人も残る。しかしそれが左派の異質さのためではなく韓国の本質と知ったら「心許せる同盟国」のリストから外すだろう。

２０２２年2月24日、ロシアがウクライナに侵攻した。米国の同盟国はすべてロシア制裁に立ちあがったが、韓国だけは曖昧な立場に終始した。

2月26日、ＶＯＡは韓国に詳しい専門家を集めて座談会を開いた。「［ワシントン・

トーク」韓国、ウクライナ事態に微温的…米国との同盟から離脱するな」(韓国語版)である。

核軍縮の専門家、M・フィッツパトリック(Mark Fitzpatrick)CSIS(戦略国際問題研究所)フェローは以下のように述べた。

・今回のロシア侵攻に対する国際的な対応の特徴の1つが米国とほとんどの同盟国がひとつの心、ひとつの意思で行動した点だ。ある一国[韓国]を除き、すべてがロシアに対し厳格な制裁を加えた。

・韓国の小心で微温的な手法は率直に言って恥ずかしいものであり、愚かである。恥というのは、韓国は過去に侵略の被害者として大々的な援助を貰ったし、それが再び起これば助けをまた受けるからだ。

・韓国の経済規模はロシアよりも大きい。それにもかかわらず、じっと座りこんで「米国とその同盟国などで構成する」多者間の措置だけをとるつもりだと言っている。

・しかし、多者的な制裁はすでに施行されている。米国のほかのすべての同盟国はその措置をとった。そのうち、一部は独自の措置をとっている。韓国も前に出て同じようにせねばならない。

## 肝心な時に裏切る韓国

「恩知らず」と非難したうえ、対ロ制裁にちゃんと加われと韓国をせかしたのである。朝鮮半島が専門の米外交問題評議会のS・スナイダー（Scott Snyder）上級研究員は「自分勝手な国から、そろそろ卒業しろ」と韓国に迫った。

・これまで韓国は目立たないようにして、自分の経済的な利益にのみ集中する傾向があった。だが、韓国は絶対に退いてはいけない時点に来ている。

米政府はスナイダー研究員らの言葉を借りて「肝心な時に裏切る韓国」に強い警告を発したのだ。これに気圧され、文在寅政権は対ロ制裁に遅れて参加した。2022年5月に政権が交代したが、韓国の根本的な姿勢に変化はない。

大統領に就任した尹錫悦氏はウクライナへの侵略が始まる直前、自国の損得だけに言及してロシアを非難しなかった（第1章第1節）。保守系紙も「輸出や投資で損するから対ロ制裁に加わるべきではない」と主張した（第2章第5節）。

米国は大戦争を戦う時は必ず「自由と民主主義」という価値観を全面に押し出し仲間の結束を図ってきた。ウクライナで市民が殺され、世界の人権が危機に瀕した時に、知らん顔をした韓国。保守政権になろうと米韓同盟は決して磐石ではない。

第４章

# 韓国はどこへ行くのか

「潜在的核武装」の準備は怠りなし
（「国軍の日」のセレモニーに参加したミサイル潜水艦「島山安昌浩」。2021年10月1日）

写真：YONHAP NEWS/ アフロ

## 1 「レミング」が呼ぶ李朝への先祖返り

政治の自壊が止まらない。韓国の知識人は今、激しい内部抗争のあげく滅んだ李氏朝鮮を思い出す。

### 党争が復活

「李朝の党争が再発しました」。2022年2月のある日、韓国の識者A氏が電話でこう言ってきた。この頃、韓国の大統領選挙は最終局面に入り左派、保守の両陣営ともに「勝ったら相手候補を裁判にかける」と宣言していた。それが「口だけ」では終わらないと誰しもが確信したのだ。

1月22日、与党「共に民主党」の大統領候補だった李在明氏が遊説先で「負ければ無実の罪で刑務所にいくことになる」と述べた。世論調査でやや不利な予測が出た時だったので、同情票を集めようとしたと見なされた。韓国では大統領を降板すると刑務所に送られるのが通例だが「大統領選挙で落選しても監獄行き」という新たな慣例が加わる雲行きになったのだ。

もちろん、恒例通りに文在寅前大統領も裁判にかけられる可能性が高い。尹錫悦候補は同年2月7日、中央日報のインタビューで「執権すれば、前政権の積弊を清算するための捜査をするのか」と聞かれ「せねばならない、せねばならない。為されねばならない」とはっきりと答えた。

2月15日、国会に議席を持たない保守政党の自由民主党が新聞に意見広告を載せた。文在寅大統領の在任中の〝罪状〟を列挙したうえ「これら利敵的行為は死刑に値する」と宣告した。当然、文在寅派も李在明派も、尹錫悦政権下では死に物狂いで抵抗することになる。

李氏朝鮮が滅んだのは、党争――指導層の激しい内部抗争からと考えられている。A氏は「内乱直前の状況だ。左右対立の激化で再び国が滅ぶ」と嘆き、外国人にまでこぼしたのである。

## 尹錫悦氏も退任後は標的に

2022年5月10日、就任式で尹錫悦大統領は以下のように演説した。

・国の内部の過剰な集団的対立により真実が歪曲され、各自が見聞きしたい事実だけを選択したり、多数の力で相手の意見を抑圧する反知性主義が民主主義を危機に陥れている。

大統領の就任演説で「党争」の危険性に警鐘が鳴らされたのだ。韓国憲政史上、初めてのことである。では、この政権は韓国の持病である党争を収拾できるのだろうか——。

その可能性は薄い。対立を仲裁すべき司法機関は今や、左右の政治勢力の草刈り場になっている。尹錫悦政権も就任するやいなや検察の掌握に力を入れた。生き残るにはそうするしかないのだ。左派に占拠された裁判所や公捜処の奪還に動くのも確実だ。党争は収拾どころか激化するだろう。

2022年の大統領選挙は政策そっちのけで相手候補のスキャンダルを暴く泥仕合となった。もし、5年後の2027年の大統領選挙に李在明氏が再挑戦して当選すれば、公捜処を使って尹錫悦氏を裁判にかける公算が大きい。左派で固められている公捜処は、喜んで尹錫悦氏を起訴するだろう。

尹錫悦氏とすれば「李在明大統領」誕生を阻止するため、自分が権力を握るうちに刑務所に送るしかない。実際、尹錫悦氏の当選直後、大統領に就任する前から警察は李在明氏の疑惑の捜査に乗り出した。

ただ、尹錫悦政権にとっては裁判所が「目の上のたんこぶ」だ。文在寅大統領が最高裁長官に任命した金命洙（キム・ミョンス）氏は極めつけの左派。就任するや否や、最高裁は朴槿恵時代に棚上げされていた自称・徴用工裁判を突然に再開、新日鉄住金（現・日本製鉄）に賠償を命じる判決を出した。

最高裁長官の任期は6年間で2023年9月まで。尹錫悦政権の初めの1年間強は保守に不利な判決が出続けるだろう。下級審にも影響は及びそうだ。ある事件をどの裁判官が担当するかは最高裁長官が決めることができる。政治色の濃い事件は、左派の裁判官に任せればいいのである。尹錫悦政権は「左派の牙城」裁判所によって政権運営に支障をきたす可能性も高いが、最高裁長官の任期満了を待って保守の長官を任命するしかない。

尹錫悦氏周辺は当選が決まると直ちに、政権発足前というのに検事総長と公捜処長に辞任するよう圧力をかけた。いずれも文在寅政権が任命した左派と見なされる人物で、任期はそれぞれ2023年5月までと、2024年1月までである。

これに対し、金浯洙（キム・オス）検事総長は「任期を全うする」と抵抗した。しかし、退任直前の文在寅政権が検察から捜査権を剝奪したため、抗議のために辞任した。

### 1960年のデジャヴ

A氏はかねてから現代版・党争の激化を懸念していた。文在寅政権がスタートして1年半たった2018年末のA氏のメールを、日本語を整えて引用する。

・この国は激動の真っただ中です。朴槿恵女史は1年9カ月間牢屋に繫がれていますが、文在寅大統領も遠からずして、その後を追うかもしれません。
・ソウル都心は連日、文大統領退陣を叫ぶデモで交通はマヒ寸前です。保守団体は文在寅を金正恩の手先と糾弾し、朴槿恵の弾劾無効と復権を叫んでいます。
・文在寅支持だった民主労組など左派団体まで経済失政をとりあげ反政府の示威行動に走っています。
・金正恩のソウル訪問を歓迎する集会を開く親北団体があり、これに負けじと保守団体も親米パフォーマンスをくり広げる。ソウルはデモ満開です。
・というのに警察は違法なデモを規制せず傍観しています。デモ鎮圧の責任を追及されるのが怖いのです。
・今の状況は約60年前の１９６０年、李承晩政権が学生デモで倒れ、民主党政権が出現した時に酷似しています。
・デモで政権が転がり込んだ民主党政権は、失政の連続と南北和解を唱える左派の蠢動で混乱に陥りました。結局は朴正煕少将が軍事クーデターを起こし、韓国は開発独裁政権に移行しました。
・現在の状況は当時にそっくりに思えてなりません。しかしクーデターを起せるほどの主体はいまのところ見当たらないのです。
・保守は分裂、左派も利権争いで内輪揉め、軍は骨抜きにされ、マスコミも国民から信用されていません。
・いろいろ書きたいことがありますが、物言えば唇寒し――。これ以上はやめます。新年の韓国は韓流ドラマよりもっと劇的に展開するでしょう。

## キーセンまでがデモをした

A氏が指摘する通り、韓国の政治状況は60年前と似てきた。1960年、不正選挙を糾弾する学生デモにより強権的な李承晩政権は倒された。「四・一九学生革命」である。次の張勉（チャン・ミョン）民主党政権は発足9カ月後の1961年5月に早くも消滅した。保守政治家の内紛が激化する一方、北朝鮮との連帯を訴える左派が街頭に繰り出して社会は騒然となった。その混乱を収拾するとの名分を掲げた朴正熙少将らがクーデターを敢行したからである。

21世紀の韓国人――ことに若い世代は「朴正熙は民主政治を破壊した張本人」と見なしがちだ。だが、当時を生きた知識人の多くが「クーデターを歓迎はしなかったが、ほっとしたのも事実だ」と打ち明ける。

1953年に朝鮮戦争が休戦になって10年にもならず、戦禍の記憶が生々しかった。「混乱に乗じて北朝鮮が再び南進してくるのではないか」との不安が知識人の間でも頭をもたげていた。言論の自由を保障した張勉政権下では、それまでの不満が社会各層から一気に噴出。その騒然とした様を「キーセンまでがデモをした」と説明した人もいる。

クーデターに成功した朴正熙少将は大統領に就任、1979年10月に暗殺されるまで

18年間にわたり強権的な体制を布いた。暗殺直後、韓国は民主化するかに見えたが、同年12月に全斗煥少将らがクーデターで政権を奪取。1988年2月に大統領を退任するまで、韓国では軍人による独裁が続いたのである。

## 「党争」の暗い記憶

「文人が圧倒的に優位だった朝鮮半島では異例の時代だった」と韓国研究者の田中明氏は評した。その「異例」がさほどの抵抗もなく受け入れられた背景には、文官の間の熾烈な抗争——党争で国が滅んだ李氏朝鮮の記憶があった。

政策論争というよりも対立が対立を、報復が報復を呼ぶ権力闘争だった。文禄・慶長の役を朝鮮側から描いた『懲毖録』を読んで驚くのは、国が滅びかけている最中でも日本との戦いに功績をあげた武官・文官がしばしば罷免されたことだ。党争のあおりである。

19世紀、「西洋の衝撃」と遭遇した時、党争により国力が落ちていた李氏朝鮮は、内部対立によって外交がぶれ続け、最後はもろくも滅びた。日本が「西洋の衝撃」をテコに発展したのと対照的だった。

李承晩とそれに続く張勉の両政権は李朝以来の伝統的な文民政権であり、これまた伝統的に党争に終始して国を混乱に陥れた。大韓民国の建国初期の知識人からすれば、混乱のあげくに日本の植民地に転落した「50―60年前の悪夢」を再び見る思いだったのだ。

朴正煕大統領も「文人政治の歴史的な無責任さ」を批判した。1970年に日本語で出版した『朴正煕選集 ①韓民族の進むべき道』の第2章「わが民族の過去を反省する」で、李朝の党争がいかに国を蝕んだかを説いたうえで「四・一九後の民主党新旧派分裂と対照してみるとき興味深い」(76ページ)と書いた。さらに、大韓民国建国後の政治的な混乱は李朝時代の党争に根があると断じた。

・党争はわが歴史上にきわめて有害かつ恥辱的な内紛習性を残した。とくに官位と官職欲を満足させるためには手段方法を選ばぬ残忍性と、排他的な朋党結合、そして妥協と寛容を知らぬ苛烈な闘争史は、後代における議会民主々義と政党政治の可能性をそこない、ついには解放後のわが国民主々議輸入十七年史を失敗に帰せしめた一大要因であったといっても過言ではない。(79ページ)

## 韓国人はレミングだ

「李朝とは異なり、政治が大衆化した現代では指導層の党争は国民の批判によって阻止されるはずだ」と考える人もいるだろう。しかし、そうはならなかった。現代の韓国では、大衆が大型デモを組織し政権を揺らす手法が定着した。ほとんどの場合、デモの背後には政権に対抗する政治勢力がいる。「党争の大衆化」である。

李承晩政権を倒したのも学生デモだった。張勉政権も親北朝鮮派のデモに揺さぶられ、その混乱につけ込んだ軍部が政権を横取りした。１９８７年、全斗煥政権も大規模な民主化闘争に押され、大統領の直接選挙制を受け入れた。

李明博政権も２００８年の就任早々、激しい「狂牛病デモ」に見舞われた。「親米派の李明博大統領が米国産牛肉を輸入し続けたため、遺伝学的に狂牛病に弱い韓国人が大量死する」という、左派が流した荒唐無稽のデマが原因だった。

朴槿恵政権も左派の組織したデモに直面し２０１７年、弾劾に追い込まれた。文在寅政権は保守派の大型デモに直面しそうになったが、２０２０年以降はコロナ対策の名分で集会を禁止し、窮地を脱した。韓国では扇動政治が常態なのだ。

指導層による国民の扇動という手法に警鐘を鳴らす人もいる。保守系メディア、趙甲済ドットコムの金泌材（キム・ピルジェ）記者だ。朴槿恵弾劾要求デモに直面し「『レミング効果』で見た韓国人の『群集心理』」（2016年11月16日、韓国語）を書いた。

・『ハーメルンの笛吹き男』という童話で、笛を吹く男の職業はネズミ取りである。彼は自身の笛でネズミを操り、すべてのネズミを川に導き入れて退治する。

・実際、動物の世界では童話に登場するネズミのような「集団自殺」が存在する。代表的な動物は欧州北部地域に生息するレミングだ。

・現在、［集団自殺に関する］もっとも有力な説は個体数を調整するための自発的な行動であり、群集心理による自己破壊行動（レミング効果＝Lemming effect）とのことだ。

・とても愚かな行動だが「レミング効果」は人間の世界でも見かけられる。

・李明博大統領執権当時の2008年の狂牛病ろうそく集会事態、そして崔順実ゲート事件によって触発された、いわゆる民衆総決起集会などが「レミング効果」といえる。

「シンシアリー」の筆名で日本語のブログを書く韓国の歯科医師も、しばしば韓国人をレミングに例える。「反日という名の、レミングス」（2022年1月16日）では「俗説かもしれない」としつつ、その「語源」を記している。
・1980年、当時在韓米軍司令官だったジョン・ウィッカム［John Wickham jr.］氏が、「韓国の人たちは、レミングスのようだ。ただ指導者の後に列を作るだけだ。彼らに、民主主義が似合わない体制ではないだろうか」と話したことがあります。
朴正熙大統領が暗殺された後、韓国は民主化に向け動き出した。というのに、国民はクーデターを起こした全斗煥少将らについていったと当時の在韓米軍司令官は驚いた、というのである。

**「党争は議会政治の原点」**

もっとも「レミング化」に対する警告は韓国人の耳に届きそうもない。人は怪しげな情報に踊らされてデモに参加しても、自らの意思で行動したと思い込むからだ。さらに今の韓国人の多くは「大衆行動こそが民主化の証であり、飼いならされた日本人と比べ自分たちは高級な政治風土を持つ」と信じ込んでいる。もちろん、指導層に吹き込まれた結果である。

同時に、韓国人の自省の源だった「李朝の欠陥」という苦々しい記憶が抹消され始めた。「李朝は近代化に向け歩み始めていたが、日本の強制的な植民地化により頓挫した」との歴史観が20世紀末頃から急速に広がったからだ。

韓国人にとっては極めて心地よい歴史観だ。それまでの「李朝の欠陥により日本に併合された」との見方に立てば、植民地への転落は自分たちの責任になってしまう。だが、新しい歴史観を持ち込めば「すべて日本が悪い」と言い張れるのである。

李朝滅亡の淵源と見られる「党争」も政党政治の原点と再評価されるに至った。歴史家の朴永圭（パク・ヨンギュ）氏が1996年に上梓し、200万部売れたという『一冊で読む朝鮮王朝実録』がそう説いた。日本語版の『朝鮮王朝実録』から引用する。

・宣祖［ソンジョ］が構想していた党派中心の臣権政治は近代的政治形態である議会政治を導き出せる基盤となり得るものだった。（183ページ）
・党争、すなわち朋党政治では、相互牽制し、対立するのが、実は相互共存する方法だった。朋党政治の本質的な趣旨は、まさに一党が権力を独占するのを防止するところに

あるからだ。こうした原理は現代の民主政治においても同じく作用している。（191ページ）

「李朝の呪縛」をうち破らんとする意気込みが伝わってくる。さらに朴永圭氏は「党争性悪論」も日本のせい、と主張する。

・韓国人は党争で朝鮮が滅びたという認識を強要されてきた。日帝強占期に日本により強要された、こうした植民史観の根本問題は、まさに朋党政治に対する正しい認識が欠如していたことによるものだ。（191ページ）

・したがって、好ましくないと思われる党争、すなわち朋党政治は、決して植民史観によって強要されたような「亡国的な権力争い」ではなかったのだ。（191ページ）

**議院内閣制で党争は解消？**

朴永圭氏の「党争正当論」の根拠は、李朝初期の外戚政治よりも近代的であるという点にある。ただ、だからと言って、血で血を洗う党争が肯定的な結果をもたらしたことにはならない。現に、李朝が消滅して100年以上が過ぎた今も韓国は党争の後遺症に苦しんでいる。それも「党争の大衆化」の結果、李朝時代とは比べものにならないほど党派の間での妥協が難しくなっているのだ。

現代の党争への処方箋は韓国で論議されつくされた感がある。メディアに登場するほぼすべての識者が大統領権限を弱めるべきだと主張する。大統領が権力を独占するためにやりたい放題になって野党との間で激しい争いが起きる、との認識からである。具体案としては議院内閣制に変えたうえ「大統領は象徴的存在である」ドイツ型か、「大統領は外交に専念する」フランス型が提唱されることが多い。

ただ、議院内閣制に変えても激しい内部対立が収まるかは疑問である。張勉内閣は大韓民国の憲政史上、唯一の議院内閣制下の政権だった。李承晩政権が大統領制の下、強権を振るった反省から議院内閣制に切り替えたのだ。だが、張勉政権下でも党争は収まらなかった。与党に回った民主党が李承晩系の政治家に報復したうえ、張勉首相と対立した尹潽善（ユン・ボソン）大統領が党を割って新党を結成するなど、民主党内部の抗争も激化、政界は混乱を極めた。

この先例からすれば、大統領権限を弱めればいいとか、議院内閣制にすればいいといった問題ではないことが分かる。「対立しても、どこかで妥協する」という政治風土が韓国に存在しないことが原因と見る方が自然である。

　先に引用したように朴正煕大統領も「妥協と寛容を知らぬ苛烈な闘争史は、後代における議会民主々義と政党政治の可能性をそこない……」と、李朝に淵源を持つ韓国の宿痾《しゅくあ》と喝破した。だが、その朴正煕政権も次第に「妥協と寛容さ」を失い、反対派への拷問を駆使する独裁に至ったのである。

**妥協のない韓国に平和なし**

大正十年（1921年）、自由討究社という日本の出版社が『朋党士禍の検討　九雲夢』という李朝の党争を解き明かした冊子を出版した。1919年、日本からの独立を図る三・一運動が起きた。それに驚く日本人に朝鮮事情を紹介しようと企画された「通俗朝鮮文庫」の一冊である。

　この冊子は序文で、東人、西人など派閥間の党争は単なる権力闘争ではなく、一族の餓死を避けるための経済闘争だった、と断じた。農業以外に産業のなかった李朝では、官職を失えば収入の途が途絶えたからである。

そして、相手の一族から友人まで絶滅する党争の激しさは群集心理に特有の自己催眠から来た、と分析した。それを説明するために、ギュスターヴ・ル・ボンの古典『群衆心理』まで引用した。

ではなぜ、当時の日本人は李朝の党争に焦点をあてたのだろうか。日本でも明治維新という内戦が起きたばかりだった。同じ頃、米国も同国史上最大の死者を出す南北戦争を経験した。内部分裂はどの国にもあるのだ。この冊子の序文にその答がある。

・かつて東人たりしものは、子々孫々まで東人の党籍を守り、西人も、南人も、北人も又皆斯の如く、伝統数百年、かつて渝［かわ］らざる所以は……。（1ページ）

李朝の党争の異様さは、子々孫々まで数百年にわたって続いた――いつまでたっても妥協が生まれないことにあると見たのだ。そして、朝鮮の宿痾を理解せず、彼らを変え得るとの前提で統治を進めることは「無意味と云はうより、寧ろ害毒の一方」と日本人に訴えたのである。

## 2　保守も左派も核武装に走る

2022年の韓国の大統領選挙で、「米国への回帰」を唱える保守が政権を取り戻した。だが、それが実現するかは不透明だ。保守とて「恐中病」に罹っていることに変わりはないからだ。米中どちらともスクラムを組めない韓国は結局、核武装へと進む可能性が高い。

### 重要でない国は捨てられる

2021年春、就任早々のバイデン政権が「中国から米国側に戻れ」と韓国に要求した（第3章第2節）。それに呼応するかのように、韓国の保守からは「このままでは米国に見捨てられる」との声があがった。ソウル大学のパク・テギュン国際大学院長は中央日報に「【コラム】米国にとって韓国とは何か」（2021年2月18日、日本語版）を寄稿した。

論旨は明快だった。韓国は米国にとってさほど重要な国ではない。米国と歩調を合わせないと、いとも簡単に捨てられるぞ——である。まず、パク・テギュン院長は朝鮮戦争休戦時に米国は韓国を中立国家にしようと考えた、と指摘した。

・1953年に韓国戦争（朝鮮戦争）が停戦協定で中断した頃、米国政府は韓半島（朝鮮半島）を中立化する案を持ち出した。

・当時の米ホワイトハウス国家安全保障会議の会議録を見ると、韓半島中立化案が提起されると、米統合参謀本部がすぐに反対した。しかしアイゼンハワー大統領の考えは違った。彼はスイスとスウェーデンを例に挙げながら中立化しても韓国が独自で武装することができると述べた。

・そしてこの時、決定的な発言が出てきた。CIA誕生の産婆役であり国務次官補だったスミス将軍は、米国が韓国を戦略的地域として考慮したことはなかったし、停戦協定後に韓半島の中立化と同時に在韓米軍が撤収することが、米国の誤った戦略を正すきっかけになると主張した。

朝鮮戦争の休戦時には韓国は中立化という名の「見捨てられ」を逃れた。李承晩大統領の必死の懇願にほだされた米国が、軍事同盟を結んでくれたからだ。だから、寄稿をここまで読んで「結果的にうまく行ったではないか」と考えた韓国人も多いと思われる。

## 中立化が安上がり

それを見越してだろう、パク・テギュン院長は日本から独立した時にも米国は韓国を見捨てようとしたことを読者に思い出させた。１９４７年頃まで米国は国連信託統治領の名の下、朝鮮半島全体を中立化するつもりだったのである。

・当時、米国政府は１９４５年以前のフィリピンでの経験に基づき、信託統治が韓国にかかる費用を最小化し、今後誕生する韓国政府がどちらか一方の強大国に傾かないようにする案だと判断した。

・米国は19世紀末、中国と日本、そしてロシアが韓半島で排他的な主導権を握ろうとしたことが、結局、この地域を不安定にし、日清戦争と日露戦争を経て第２次世界大戦につながったという事実を把握していた。したがって米国を含む４大強国による信託統治は、韓半島の状況を安定的に維持する条件をもたらすと考えた。

信託統治構想は米ソ冷戦の高まりと韓国の左右対立の激化により消えたが、この時も米国は韓国を同盟のネットワークに入れるつもりはなかったのだ。１９５０年に米国が朝鮮戦争に参戦したのは韓国への侵攻を見逃せば、共産軍の欧州での侵略を誘発すると恐れたからだ。韓国そのものが大事だったわけではない。

歴史を少し勉強した韓国人なら、こうした事実は知っている。だが、韓国では70年も続いた米韓同盟を不動のものと考え、「米国に見捨てられることなどあり得ない」といったムードが横溢している。

それも今、米国が中国やロシアとの新たな冷戦に備えてファイティング・ポーズを固めたというのに、未だに米中二股外交を夢見る韓国は米国側に戻らない。パク・テギュン院長は「同盟は累卵の危機にある。それを直視せよ」と警告を発したのだ。結論部分が以下である。

・韓米同盟は両国の国家利益が互いに一致する場合に継続可能だ。韓米関係が時代に合わせて進化するためには、何よりも「米国にとって韓国は何か」という質問に対する客観的かつ科学的な認識がなければいけない。同盟関係を我田引水のように理解すれば、これは両国間の関係をさらに難しくさせるだろう。

米韓同盟からは「共通の敵」が消滅した。米国は中国を仮想敵に定めている。一方、韓国は中国を仮想敵とは見なさなくなった。そんな同盟が続くわけがない。同盟を続けるには米国と同じ敵を設定するほかない――とパク・テギュン院長は訴えたのである。

### 「四大国保障論」再び

なぜ、韓国人はこんなに簡単なことが分からないのだろうか。それは「米国から見た韓国像」を勘違いしているからだ。韓国人は「朝鮮戦争を共に戦った血盟」との表現を多用する。米国にとって「韓国はかけがえない国」と言いたいのだ。だが、「血盟」は韓国が今も米国側の国であって初めて成立する。

米国の若者４万５０００人が命を落として守った韓国が、台頭する中国にすり寄っているのだ。それに気付いた米国人が「なぜ、我々が韓国を守らねばならないのか」と怒り出すのは当然である。

韓国人は「米国は韓国に兵を置きたがっている」とも見なし、「少々のわがままは聞いてもらえる」と信じている。この見方も今や、ピンボケの主張となった。在韓米軍は陸軍を中心に構成されている。中国との緊張が高まった以上、陸軍を韓国から日本やグアムに移した方が合理的、との声が米国の専門家の間であがっている。韓国人の同盟論はまさに我田引水、虚構の上に成り立っている。パク・テギュン院長は「目を見開いて現実を見よ」と叫んだのだ。

だが左派に言わせれば、こうした米国との同盟を前提にした外交戦略こそが間違いの源だ。朝鮮民族が南北に分かれていがみ合うのも東西冷戦、あるいは大陸勢力と海洋勢力の対立がこの半島に及んだためだ。米国との同盟をやめて中立化すれば、中国との対立を避けられるし、南北統一にも道が拓かれる――と左派は考えるのだ。

ただ、今は中立化を声高に主張しない。韓国人の約8割が米韓同盟に肯定的であり、下手に米韓同盟の廃棄を訴えれば反発され逆効果になるからだ。だが、この同盟に亀裂が入るなど機会が到来すれば、左派は堂々と中立化を唱え始めるだろう。

これに対し、親米保守は中立化こそが危険と考える。「力の真空」が生まれ、周辺大国の角逐の場になってしまうと見るからだ。韓国人は内輪の争いに外国の勢力を引き込んで相手を倒そうとする。「力の真空」ができれば、内側に引き込もうとする力がいっそう強烈に働くであろう。ことに現在、第4章第1節でみたように、激しい左右対立に歯止めがかからなくなっているのだ。

1971年の大統領選挙では「米ソ中日の周辺4カ国が保障することで朝鮮半島の安全を担保しよう」と主張する金大中候補と、「それは韓米同盟の解体を呼び、北朝鮮の南進を誘発する」と反論する朴正煕大統領の間で激しい論戦が行われた。

実はこの時も、米政府は朝鮮半島の中立化を検討していた。米中関係が好転し始め、四大国保障論の実現可能性が高まったからだ。米国は常に「面倒な半島」から手を引けるチャンスを模索しているのだ。

米国からの「見捨てられ」の可能性に気が付いた朴正煕政権は激しく反発しつつも、それに備えた。「自主国防」を掲げ、米国の力なしで国を守りきる力をつけようとした。

その一環が核武装計画だった。だが、中核となる韓国人科学者が米国で謎の交通事故に遭い死亡。朴正煕大統領も1979年に暗殺され、韓国の核武装への試みはいったんお蔵入りとなった。

四大国保障論を巡る安保論争は、形を変えながらも現代まで引き継がれている。文在寅大統領は2021年9月21日に国連総会で一般討論演説し、朝鮮戦争の終結を宣言しようと呼びかけた。

終戦宣言を発すれば、北朝鮮を侵略者と見なして結成された在韓国連軍の存在意義が失われる。主力は米軍なので、米軍の撤収や米韓同盟解体に道を開く。事実上の「中立化」である。

文在寅大統領は「多者的な安全保障体制が必要だ」とも述べた。韓国の左派はOSCE（欧州安全保障協力機構）のような、敵対する勢力双方が参加する安保機構を結成し、米韓同盟に代えようと主張してきた。まさに「四大国保障論」の現代版だ。

## 「拡大抑止」を強化する

もっとも親米保守が「見捨てられ論」を言い過ぎると、藪蛇になるかもしれない。いざという時に「米国の核の傘」――拡大抑止が働くかとの疑念を掻き立てることになるからだ。

中国や北朝鮮が韓国を攻撃した際、自国に対する中朝の核攻撃のリスクを冒してまで米国は韓国を守ってくれるだろうか、と韓国人は心の底で考えている。「見捨てられ論」

はこの問題を表に引っ張り出してしまう。すると、中朝は韓国人の不安を煽りたて、米韓同盟を壊そうとするだろう。もちろん、この構図は日本にも当てはまる。

そこで、核兵器の使用に関与させることで同盟国を安心させよう、との意見が米国で急浮上した。２０２１年2月10日、Ｃ・ヘーゲル（Chuck Hagel）元国防長官らがバイデン大統領に提出した報告書「Preventing Nuclear Proliferation and Reassuring America's Allies」である。ポイントは以下だ。

・The United States should create an Asian Nuclear Planning Group, bringing Australia, Japan, and South Korea into the US nuclear planning processes and providing a platform for these allies to discuss specific policies associated with US nuclear forces.

「米国は核企画グループを作り、豪州、日本、韓国を米国の核戦力に関する政策論議に参加させよ」と提言したうえ「特定の核政策についてのプラットフォームを提供すべきである」とある。ＮＡＴＯ式で実施している「核共有」つまり「二重鍵方式」の導入を示唆したのだ。

「二重鍵方式」とは、欧州に配備した米国の戦域核兵器の使用に関し、ドイツなど一部の同盟国の意思も反映させるとの取り決めだ。ただ、専門家の間では、同盟国への核の傘がどれだけ強化されるのか疑問視する向きもある。ドイツなどの「口出し」を認めるが、核使用に関する「拒否権」は依然として米国が持つからだ。

このため、同盟国が好きな時に米国の核兵器を使えると誤解させがちな「核共有(nuclear sharing)」という単語は使わず、敢えて「二重鍵方式(dual key control mechanism)」と呼ぶ専門家もいる。

同盟国内で戦域核を使った際の米国の責任逃れのための仕組み、と冷ややかに見る人もいる。「二重鍵」を同盟国も一緒に開けた以上、自国内での核使用に合意したことを意味するからだ。

とは言え、韓国の保守には「二重鍵」を熱望する人が多い。北朝鮮が着々と核武装を進める中、核にまったく関与できない韓国は軍事的にも政治的にも劣勢に追い込まれる一方だ。「二重鍵」が不完全だろうと、ないよりはましとの判断であろう。

## 韓国には与えない「二重鍵」

注目すべきは「ヘーゲル報告書」に対し韓国の保守メディアが大喜びするかと思いきや、浮かぬ顔の記事が載ったことだ。「韓国は二重鍵を簡単に貰えない」と悲観したのである。朝鮮日報の楊相勳主筆が書いた「今、驚くべき話が出回っている」（２０２１年2月18日、韓国語版）だ。要約しつつ訳す。

・ヘーゲル元国防長官らが作成し、バイデン政権に提出した「核と安保」関連報告書は、米国が核の運用を豪州、日本、韓国と論議するアジア版核企画グループの創出を提案した。しかし、その直後に米国では「韓国を除け」との声が上がった。

・R・アインホーン（Robert Einhorn）元国務省特別顧問は「韓国は中国を意識し、参加しないだろう」とし、G・セイモア（Gary Samore）元ＮＳＣ調整官（大量破壊兵器担当）は「反対するであろう同盟国に対し、米国から先に提案する必要はない」と語った。

楊相勳主筆はせっかく米国で浮かんだ二重鍵構想も韓国への不信感によって実現しない可能性が高い、と指摘したのだ。「見捨てられるわけがない」と信じる読者を説得するためだろう、米国の不信感は韓国人の想像以上に膨らんでいるとも警告した。

・米国では今後、韓国は100%中国に付き、日本は100%米国に付くという見方が主流となった。米国の政府も民間も中国の台頭に深い警戒を共有する時に、北朝鮮と中国に行き過ぎた好意を示し、日本には行き過ぎた敵意を見せる文在寅政権が重なった結果だ。

・最近、米国でジョージ・ケナン（George Kennan）の「ロング・テレグラム」に比肩すべき匿名の寄稿が登場した。ここでも「韓国が引き続き中国側に漂流している」との認識が示されている。同盟国とその敵国の間を綱渡りすれば、同盟は殻だけが残る。我々はその後をどこまで考えているのか。

・ランド研究所のB・ベネット（Bruce Bennett）研究員は「北朝鮮が日本を攻撃する場合、米国の対北軍事作戦において韓国の立場を考慮する必要はない、との見解も米国で広まっている」と述べている。

## 日本に核を向ける「新朝鮮」

米国はアジアの安全保障を韓国抜きで考え始めたとの指摘である。韓国の保守に大きなショックだったのは、韓国と日本の敵対を前提に「二重鍵」を日本だけに与えようと、明快に主張する専門家が米国に登場したことだろう。楊相勳主筆は書いた。

・R・ローレス（Richard Lawless）元国防副次官は「韓国は結局、核を保有する北朝鮮に従属する可能性が高い。米国は日本に中距離核ミサイルを配備し中国と北朝鮮に対応せねばならない。この場合、米日はNATO式の核共有協定［二重鍵方式］を結ぶことになる」と言っている。

ローレス氏はこの意見を『WEDGE Infinity』に載せた「Nuclear North Korea and Japan――The INF Option」（2020年11月25日）で主張した。「核保有国の北朝鮮と日本、INFオプション」（2020年11月27日）というタイトルで日本語版も出ている。

ローレス元国防副次官は朝鮮半島・日本を専門とする戦略家。朴正熙時代から韓国で活動してきた超ベテランだ。メディアにほとんど登場しないため有名ではないが、米国でも日本でも隠然たる影響力を持っている。

そのローレス氏が「長期的には南北が一体化し、米韓同盟は解体に向かう可能性が高い」と断じたうえ、「『新朝鮮』は韓国の産業力と技術力を使って北朝鮮の核兵器を高度化し、それを日本に向ける」と予想したのである。

さらには「米国は日本にＩＮＦ（中距離核戦力）を配備し、日本にもその引き金に関与する権利を与えよ」と主張。「日本に核を向ける新朝鮮」と「軍事力増強を続ける中国」に日本が対抗するには、ＮＡＴＯ式の米国との「核の二重鍵体制」を作るしかないと訴えた。

### 「米国回帰」は公約倒れ

２０２２年５月に５年ぶりの保守派として尹錫悦政権が登場した。左派から保守政権への交代により、米国の韓国への疑惑のまなざしは消えるのだろうか。そうはなりそうにない。いつまた、左派が政権を握るか分からない。そもそも、保守政権だろうと韓国には中国に立ち向かう覚悟を期待できないからだ。

尹錫悦大統領は公約で「韓米同盟を再建する」と謳った。だが、中国包囲網たるＱｕａｄへの加盟には及び腰だ（第３章第１節）。ＴＨＡＡＤの追加配備も公約した。ただ、文書での公約集には入っておらず、口頭での約束に留まっている。それも時期は限っていないので、なし崩しになる可能性が高い。

中国は大統領に就任する前から経済的な報復をちらつかせ、THAAD追加配備など尹錫悦政権の「米国回帰」に歯止めをかけた。脅される韓国に対し米国はQuadを引き合いに出して、米国側に戻る覚悟があるのか問い詰めた（第3章第1節）。

韓国人の中国に対する従属意識は外国人の想像を超えたところにある。千年以上も朝貢し命令のままに動いていると、中国に逆らうなんてことは想定外の行動になってしまう。米国のアジア専門家もようやく、自分の同盟国が中国の元属国だったことに気が付いた。尹錫悦政権の「米国回帰」は公約倒れに終わる可能性が高いと米国は見切ったのだ。

## ウクライナ侵攻が触発

「二重鍵」に関しても尹錫悦氏は弱気だ。2021年9月22日、大統領候補として名のりをあげた際に尹錫悦氏は「有事の際、戦術核の再配置と核共有［二重鍵］を米国に強力に要求する」と公約した。

積極的に聞こえるが、よく考えれば腰の入らない発言だった。緊張が高まらない限り二重鍵は要求しない、と言ったのだから。緊張が激化してからでは手遅れになる可能性が高い。

2022年2月7日、尹錫悦候補の発言はさらに後退した。中央日報の「尹錫悦『単一化、互いに信頼すれば10分以内に終われる』［単独インタビュー］」（2月9日、韓国語版）の「一問一答」部分を翻訳する。

・北朝鮮の核をそのままにして、我が方も核武装するとか核共有を言いつつ核軍縮しようと主張するのはとても危険だ。北朝鮮が実際に非核化する可能性があろうがなかろうが、強力な経済制裁をして「核を持つようになれば結局、経済は破綻する」ということを示すのが重要だ。

二重鍵の旗を完全に降ろしてしまったのだ。中国の脅しのためであろう。20日後の2月27日、安倍晋三元首相がフジテレビの番組で「核共有政策を議論すべきだ」と語っている。ロシアがウクライナに侵攻したのに対応した発言だった。中国としては、これを機に二重鍵論がアジアに広がるのを何としても阻止したいところだ。対韓圧力は増す一方だろう。

アインホーン元国務省特別顧問が二重鍵の枠組みに関し「韓国は中国を意識し、参加しないだろう」と予想した通りになった。当然、米政府はセイモア元NSC調整官（大量破壊兵器担当）が主張したように「反対するであろう同盟国に対し先に提案する必要はない」と考えることになる。

## 「北の核の傘」か「宣言抑止」か

では、米国の核の傘に自信が持てず、二重鍵も与えられる可能性が低いとすれば韓国は、中朝の核からどうして身を守るつもりだろうか。左派政権は北朝鮮との関係を深め、北の核の傘に入るであろう。ローレス氏が予想した通りだ。

保守政権が北朝鮮と組むのを嫌うなら、自前の核武装しか手はない。もちろん今すぐ核兵器を保有するわけではない。NPT（核拡散防止条約）違反となり、各国から経済制裁を受ける可能性が高いからだ。

それを避けるには「潜在的核武装」という手がある。弾道ミサイルといった核弾頭の運搬手段や、ミサイル潜水艦などの第2撃能力を備えておき、仮想敵国の核の脅威が高まったら急遽、核弾頭を製造して本当の核保有国に変身する手法だ。安全保障上の危機に瀕した国家がＮＰＴから脱退することは認められている。韓国の技術なら半年もあれば核弾頭は開発できる。

豪州が米国の協力の下、原子力潜水艦の保有に動くのも「潜在的核武装」の第一歩であろう。第２撃能力たるミサイル潜水艦は長時間潜航できる原潜であることがほぼ必要条件だ。ちなみに、これまで原潜を保有するのは核保有国だけであった。

「潜在的核武装」を強化するのが「宣言抑止」である。「核威嚇を受けたら核武装する」と予め宣言しておく手口だ。仮想敵国からの核威嚇の可能性を減らすのが狙いだ。

北朝鮮が核実験を繰り返すのに、オバマ政権が「戦略的忍耐」を言い訳に放置することが明らかになった２０１５年、韓国の保守陣営からは一斉に「宣言抑止すべきだ」との声があがった。

当時は朝鮮日報論説主幹だった楊相勳氏も「金正恩も、恐れさせてこそ平和を守る」（２０１５年５月21日、韓国語版）で「北朝鮮が核で挑発し、米国の拡大抑止の実効性がない場合には即座に核武装する、と予告すべきだ」と提唱している。

ちなみに韓国人は日本人のような核への拒否感はない。核兵器に関する世論調査では常に3分の2の韓国人が賛成する。

## 第２撃能力は備えた

すでに韓国は「潜在的核武装」の準備を進めており、いつでも「宣言抑止」が可能だ。保有する弾道ミサイルの最大射程は800キロメートルで東京や北京、北朝鮮全域をカバーできる。これは公称値であり、実際は韓国の弾道ミサイルは日本全土をカバーすると見る専門家が多い。

核保有国に必須の第2撃能力――ミサイル潜水艦も2021年に就役済みだ。島山安昌浩（水中排水量3800トン）で垂直発射管6本を持つ。ディーゼル駆動だが、次期タイプは原子力駆動にする方向である。

韓国が左派政権に戻っても、ミサイル潜水艦などの第2撃能力は無駄にならない。南北が手を組んで「民族の核」を世界に誇示するには、北朝鮮の核弾頭に加え、南のミサイル潜水艦が必要になるからだ。

韓国の核保有計画にはもちろん米国も気づいている。ただ、米国が韓国の独自の核武装を認める可能性は低い。今は親米政権であろうと、いつ中国側に寝返るか分からないとの認識が米国に広がっているからだ。

2022年3月24日、北朝鮮は米本土まで届くと推測されるICBMの発射実験に成功した。韓国にとって、米国の核の傘がより不確かになったのだ。韓国は米国に見捨てられる覚悟で自前の核武装に動く可能性がさらに高まった。日本が注視すべきは「北の核」だけではないのである。

## 3　ついに縮み始めた韓国経済

韓国経済に人口減少による「縮み」が兆す。2022年初め、急騰を続けていた不動産価格が頭打ちとなった。経済が縮む際の典型的な症状である。

### ソウルでは5年弱で2・2倍

2022年2月4日、興味深いニュースが流れた。2年間も上昇してきたマンションの取引価格が、突然に下がり始めたのだ。韓国ではマンションが投機の対象であり、「バブル崩壊」の前触れである可能性が高い。

国土交通部傘下の韓国不動産院が発表した「全国住宅価格動向調査　週間マンション価格動向」によると、2022年1月第5週の全国のマンションの取引価格の変動率は前週比で0・0%。2019年9月第3週以来、約2年4カ月ぶりに値上がりに歯止めがかかった。

全人口の過半を占める首都圏（ソウル市と京畿道、仁川市）の取引価格は、2019年7

## 図表⑤　韓国のマンション取引価格の週間変動率

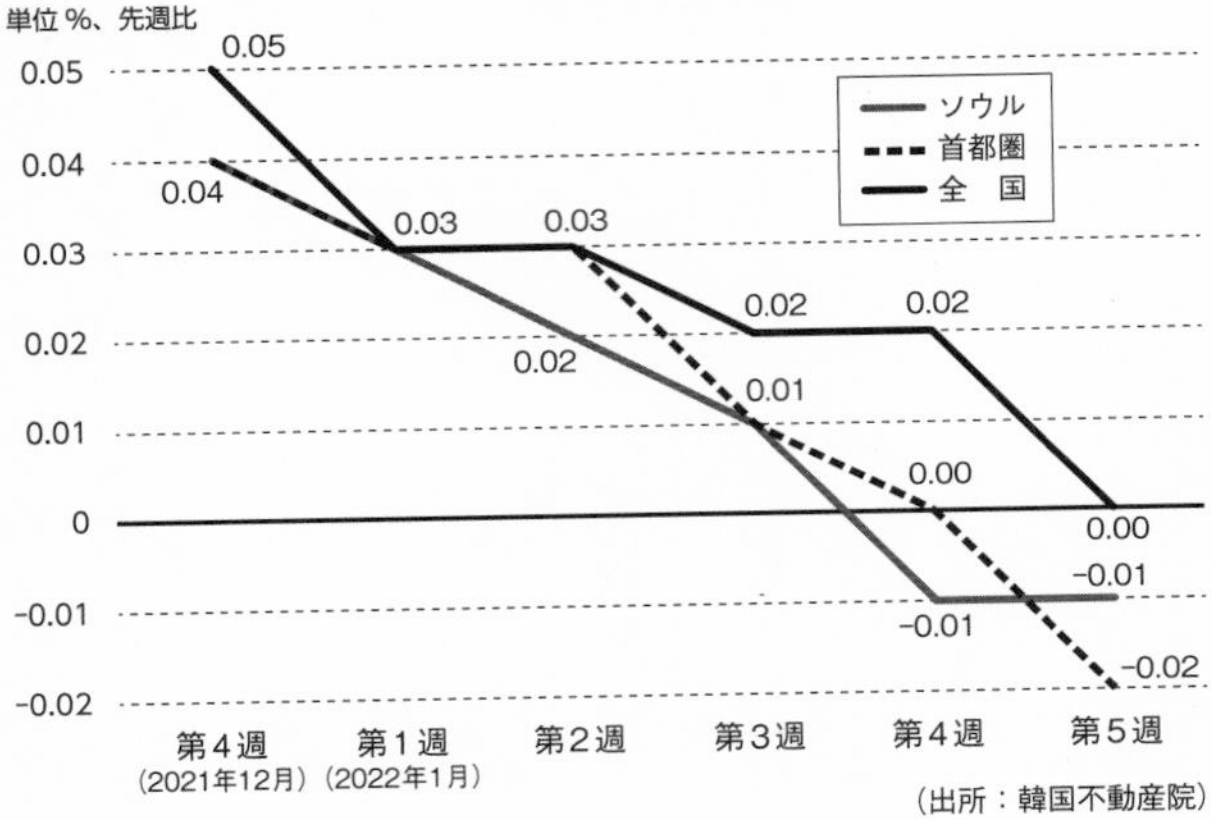


（出所：韓国不動産院）

月第4週（0・02%減）以来、約2年6カ月ぶりのマイナスとなる0・02%減だった。

全国の先行指標となるソウル市での取引価格は、それよりも1週間早く、1月第4週にマイナスに転じていた。1年8カ月ぶりだ。第4週、第5週と2週間続けて0・01%の減少を記録した。

２０２１年12月の１カ月間の住宅全体の取引量は５万３７７４件。前月比19・9%減、前年同月比では61・7%減と大きく細った。12月としてはリーマン・ショック（世界同時金融危機）に襲われた２００８年以降となる、小さな取引規模に終わったのである。

韓国では警戒の声はあがったものの、た

だちに「バブルが崩壊する」と大騒ぎになったわけではない。この頃、韓国人が問題にしていたのは「不動産価格が上がり過ぎること」だった。1990年の日本人が「どうしたら地価を下げられるか」に頭がいっぱいで「バブルがはぜたらどうなるか」にまで考えが及ばなかったのと同様だ。

東亜日報の「江南と瑞草もマンション価格の上昇に歯止め」（2月5日、日本語版）が当時の韓国の空気を伝えた。

・政府は、下落が続くことを期待している。洪楠基（ホン・ナムギ）経済副首相兼企画財政部長官は前日［2月4日］、「今年に入って、江南区と瑞草区で1億ウォン以上下落した取引が継続して確認されるなど、安定傾向に拍車がかかるだろう」と明らかにした。

「江南区と瑞草区」とはソウルの高級住宅地で、投機の主な舞台。そこで日本円に換算して1000万円も取引価格が下がった、と言って副首相は胸を張ったのである。

副首相の発言に対し、この記事は「しかし、今回の調査期間は旧正月連休である上、取引件数が激減しており、市場が本格的な下落傾向に差し掛かっていると見るには無理がある」と、政府の「甘い見通し」を批判した。

これを書いた東亜日報の記者は「バブル崩壊」への恐怖はみじんも持たず、ただ「政府の無能により、マンション価格が容易に下がらないことへの不満」を表明することに熱心だったのである。

文在寅政権下で不動産価格がはね上った。KB国民銀行によると2017年5月の政権発足から2022年1月までの4年8カ月間で、ソウルのマンション価格は2・2倍に上がった。建国以来、不動産価格は総じて右肩上がり。韓国社会には「絶対に下がらない」不動産への神話が染みついていたのだ。

## 人口バブルに乗った文在寅

文在寅政権下で不動産価格が急騰した根本要因は人口だ。働く年代の人口を示す生産年齢人口がピークアウトする少し前にバブルが発生する傾向がある。被扶養者に比べ、働く人が増えるのでカネ余り現象が起き、それが株式市場や不動産市場に流れ込むからだ。

ピークアウトする前後にバブル崩壊が始まる。働く人が減れば、株式などに投資されていた資産が現金化されるからだ。日本のバブルも生産年齢人口がピークアウトした1995年の少し前に発生、崩壊している。

韓国の生産年齢人口は2019年が頂点だった。総人口は2020年にピークアウトした。実際に働いている人と、働く意欲を持ちながら職が無い人を合計した経済活動人口は2023年にピークを迎えると韓国の雇用労働部は予想している。

いずれのデータを見ても、文在寅政権の任期（2017年5月−2022年5月）前後が人口のピークだ。「人口バブル」に乗った政権だったのである。文在寅政権後の生産年齢人口の減り方は急と見られている。日本がピークの1995年から1割減るのに20年かかったのに対し、韓国では10年と見込まれている。

図表⑥「韓国のマンション取引価格の年間変動率」は「週間マンション価格動向」の1年間の変動率を地域別に示したものだ。具体的には各年最終週のデータから、年間の累積変動率を拾った。

KB国民銀行など民間のデータと比べ、韓国不動産院のそれは値上がり率が低めに出るとの批判がある。税金を節約するために実際よりも安く申告された取引金額をベースに算出していると見られるからだ。ただ、韓国不動産院のデータがもっとも幅広く取

## 図表⑥　韓国のマンション取引価格の年間変動率

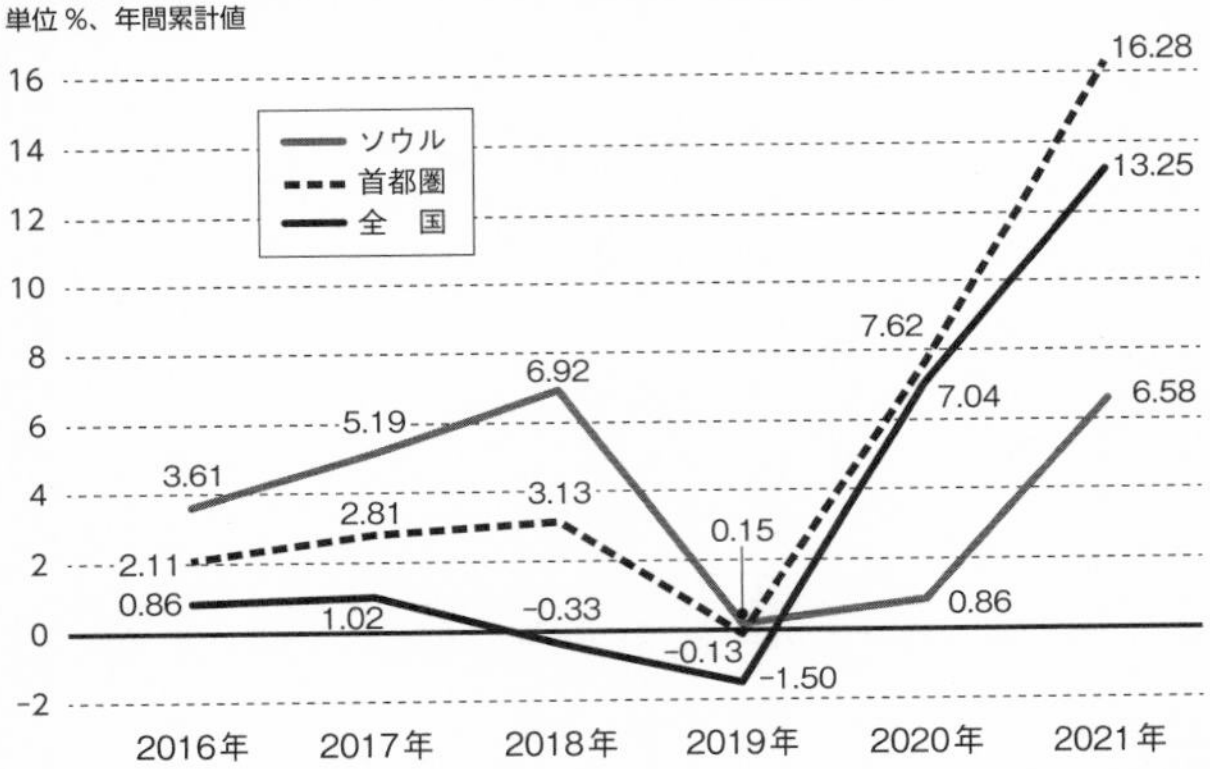


（出所：韓国不動産院）

引をカバーしていると思われるので、これを使う。

2017年にソウルの取引価格は5・19％増と跳ね上がった。投機を煽るような現実から乖離した政府の不動産対策もあって、翌2018年には6・92％増とさらに上がった。不動産投機の波は少し遅れて首都圏に及んだ。

2019年には対策の効果が出て全国的に高騰は収まったが、2020年に新型コロナに対応した世界的な金融緩和が始まると、再び投機に火が付いた。ホットマネーは強い規制のかかったソウルから離れ首都圏、さらには全国に流れ込んだ。

「文在寅」後は金融引き締めという短期的な要因に加え、人口減少という長期的要因が値下がりに追い打ちをかけるのは確実だ。不動産院の「週間マンション価格動向」によると、2022年5月第3週までソウルと首都圏ではほぼ値下がりが続いた。不動産投機の波は明らかに引き始めた。バブルがはぜる可能性も高い。

## 借金して買った人が投げ売り

もっとも、値下がりが確認された2022年2月の時点では「不動産価格の値下がりは一時的な現象で、今年後半には回復する」と解説する専門家が多かった。

毎日経済新聞の「『不動産不敗』江南も下落目前…大統領選挙前に取引閑散」（2月4日、韓国語版）は「利上げと貸出規制のためにマンション価格が下がった。ただ、3月の大統領選挙を前に取引件数が多くない中、市場には急いで売ろうとする人ぐらいしか出ず、これで下落局面に転じたと見るのは難しい」「ソウルなどで住宅供給問題が解決されていないので、今年下半期には状況は変わりうる」との専門家2人の発言を報じた。

「利上げ」とは、韓国銀行が2021年8月以降、翌年2月までに3回にわたって利上げを実施したことを指す。要は、毎日経済新聞は一時的な値下がりとの見方を打ち出したのだ。また、5月10日に発足する新政権がどんな不動産政策を打ち出すか不透明なので、マンション投機をする人は売買を手控えているとも指摘。バブル崩壊への懸念はちらとも見せなかった。

韓国には「まだ家を持っていない人がいて実需はある。だから不動産は下がらない」と見る向きが多い。しかし、買いたくてもおカネが無ければ不動産は買えない。生産年齢人口や経済活動人口が減るほどに「おカネを持つ人」は減るのである。

それに韓国では、マンションを無料で貸す半面、巨額の保証金を得て、それで新たなマンションを買う、といった投機が横行している。投機の連鎖により、普通の小金持ちでも数軒を持つのが普通で、多い人は数十軒のマンションを保有する。

韓国のマンションブームは巨大な仮需の上に成り立っており、いったん値下がりが始まれば、借金して買い漁った人の投げ売りが発生するのは目に見えている。

投機家の愛読紙、毎日経済新聞が「まだ、大丈夫」と安心させる記事を載せたのに対し、左派系紙のハンギョレは「投機の時代が終わるかもしれない」と書いた。

「弱まる韓国の『借金して投資』ブーム…融資自制、預金と積金が増加」（2月4日、日本語版）だ。なお、見出しの「積金」は「貯金」と訳した方が日本人には分かりやすい。

・この2年近く韓国社会を沸かせた「資産投資ブーム」は幕を下ろすのだろうか。借金してでも投資しなければならないと言われていた積極的な投資ブームには、明確な変化が見られる。
・不動産、株、コインなどの投資資産の価格を支えていた超低金利の流れが止まったことで、さらなる融資と投資を自制し、できるだけ貨幣性資産を確保しようという様子見の姿勢がはっきりと表れている。

人口論など構造的問題には一切、触れていないが、「借りたカネで投機をする人」が急速に減ってきた、あるいは「買った株が下がって借金を返す必要に迫られ、家を売ろうとしている人」が出てきた、とバブル崩壊の予兆をちらりと報じた。

さらにＫＯＳＰＩ（韓国総合株価指数）は1カ月で11％も下がり、信用取引融資の残高は４カ月で15・４％も減少しているとのデータも添えている。

## 「株を買うな」と韓銀総裁

韓国銀行は早くからバブルの発生と崩壊を懸念していた。２０２１年初め以降、総裁自らが国民に「カネを借りて株を買うな」と訴え続けた。「いずれ金利を上げるぞ」と警告もした。

1990年代の日本と比べても、韓国にはハンデキャップがある。急速に増える財政赤字だ。就任当時から文在寅政権がバラマキを実行したうえ、コロナ対策でそれを加速したため、財政赤字が急増したのだ。

人口減少や少子高齢化によって税収が頭打ちとなれば、赤字幅が拡大する可能性が高い。政界は左右対立が激化するばかり。誰が大統領になっても、人気取りのバラマキが続くであろう。

日本の財政赤字も巨大だ。ただ、日本が対外資産を豊富に持つのに対し、韓国は債権国に転じ始めたばかりで、国の信用が異なる。韓国の場合、下手すると外資が一斉に逃げる事態に陥りかねないのだ。中央日報が社説でそこを突いた。「韓国経済、『双子赤字』の赤信号が灯った」（2月7日、日本語版）である。

・韓国経済では見慣れない「双子［の］赤字」が頭をもたげている。現政権がよどみなく財政を拡大し、その間財政赤字が増えても韓国国民はブレーキをかけることができず見守るしかなかった。
・問題が深刻なのは貿易赤字が同時に現れているという点だ。［２０２２年］１月［の］貿易収支は48億９０００万ドル（約５６３８億円）の赤字となり、昨年12月に続き２カ月連続で赤字が続いた。２カ月連続で［の］貿易赤字は世界金融危機を体験した２００８年以降14年ぶりに初めてだ。特に、財政赤字が悪化の一途をたどっている中、貿易赤字まで体験する状況は懸念される。

韓国の貿易赤字は原油高が原因で一過性の問題と見られた。輸出も半導体を中心に絶好調だった。だから、「双子の赤字」というには大げさとも思えた。現に２０２２年２月の貿易収支は８億４０００万ドルの黒字に転じた。だが、韓国社会には１９９７年の通貨危機のトラウマが残っており、中央日報は以下のように心配したのだ。

・１９９７年［の］通貨危機の時も貿易収支赤字が積もっていたが、警戒心がなかったため、結局は国家破産の寸前まで達した。それでも当時、救済を受けた決定的な背景は強固な財政だった。国内総生産（ＧＤＰ）比国家債務比率は11・４％だった。この比率は今年50%を超えた。

1997年、アジアでは民間部門の対外債務が通貨危機の引き金になった。一方、1980年代に中南米の国々では政府部門の対外債務が通貨危機を引き起こした。「アジア型」ばかりを警戒していると、今度は「中南米型」との合併症に陥るぞ、と警告したのである。

年金なども含めた韓国の統合財政収支は2019年から赤字。これから少子高齢化が進んで年金支出が収入よりも多くなれば、財政はますます悪化する。悪材料ばかりなのだ。


**我が国は五輪開催国だ！**


危機的状況を無視するのは「政治」だけではない。中央日報が心配するように、国民に「警戒心」が薄い。日本も同様だったが、バブルの宴に酔っている時に、目と鼻の先に断崖絶壁が待っているとは誰も思わない。

ことに今、韓国人は「大国になった」との絶頂感の中にある。1997年の通貨危機は「国が小さかったが故の事故」と見なすようになった。弱小国だった時の不祥事は振り返りたくない、との空気も横溢している。

大企業だって資金繰りに詰まれば倒産する。国が大きかろうが、危ないと見なしたら市場は通貨売りに出る。英国だって1992年、ポンド危機に陥ったのだ。

1997年のアジア通貨危機はタイから始まった。当時、韓国の有力エコノミストらは口をそろえて危機は韓国に波及しないと断言していた。理由は「東南アジアの国々と、オリンピックを開催した韓国は異なる」だった。

ロンドンだってソウルより80年前に近代五輪を開催していたのだが、あまりに自信たっぷりに説明されるので、何も言えなかった。韓国人は時々、奇妙な自画像に酔う。

韓国が通貨危機を逃れても、少子高齢化による経済的衰退を避けうる可能性は低い。OECDの「Fiscal challenges and inclusive growth in ageing societies, OECD Economic Policy Paper」（2019年9月）によると、65歳以上の人口の20—64歳の人口に対する比率が2060年の韓国では88・68％に達する（10ページ）。G20中1位で、日本の79・90％よりも高い。2015年段階では韓国が19・11％、日本が47・55％だったから、韓国の高齢化の速度がいかに早いかが分かる。

**図表⑦　65歳以上の人口の20-64歳に対する比率の変化**

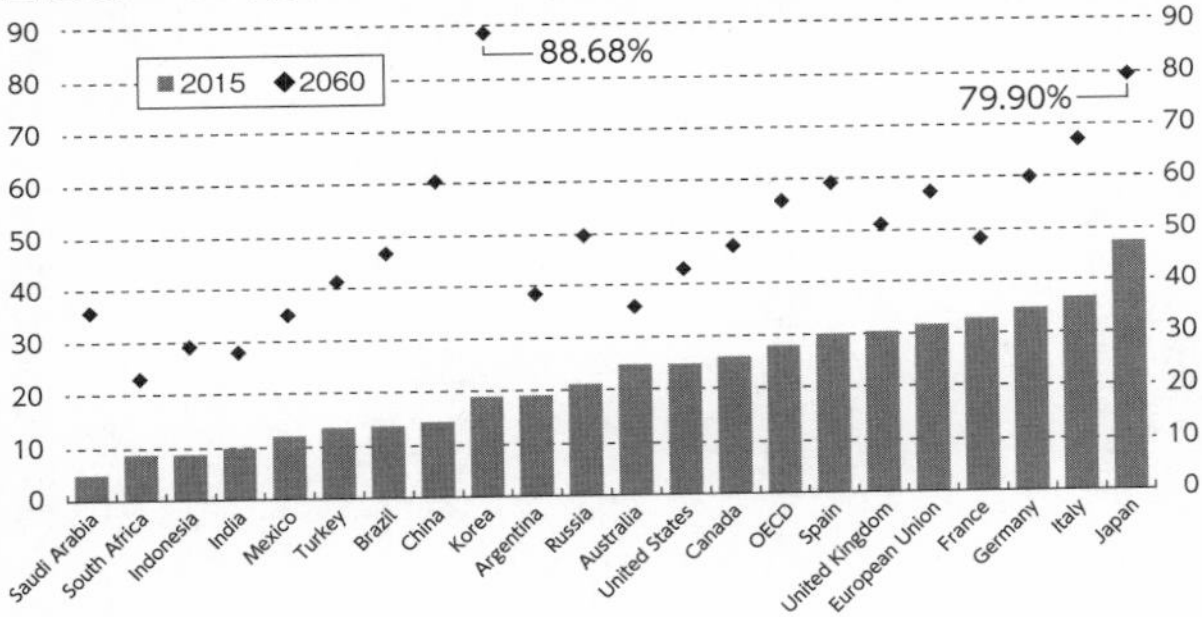


（出所：「Fiscal challenges and inclusive growth in ageing societies」
OECD Economic Policy Paper（2019年9月））

原因はもちろん出生率の低さにある。ことに文在寅政権下でその低下が際立った。合計特殊出生率は2017年の1・05から、たった4年後の2021年には0・81に落ちた。文在寅政権は人口がピークアウトする時期に国政を任されただけではない。将来の人口的な禍根も残した政権となった。

もっとも、政権幹部に国力の源泉を毀損したとの自覚は無い。ボルトン元補佐官の回顧録『The Room Where It Happened』の359ページに興味深いくだりがある。2019年に韓国が日韓GSOMIA（軍事情報包括保護協定）の破棄を宣言した後のことだ。

日韓関係の改善を求めたボルトン氏に対し、鄭義溶・青瓦台安保室長は以下のように答えた。

引用符は付いていないが、鄭義溶氏の発言そのままと考えていいだろう。ボルトン氏はこの本を出版するにあたり、トランプ政権から外国高官らとのやりとりを直接引用しないよう求められ、それに応じた経緯があるからだ。

・Chung added, Japan should be aware that without South Korean cooperation, Japan cannot achieve its diplomatic goals. Besides, South Korea was rapidly catching up to Japan; whereas just a few years ago, Japan's economy had been five times the size of South Korea's, now it was only 2.7 times larger, and per capita GDP was almost equal.

## 「もう、日本に負けない」のか

鄭義溶氏は日本側が折れるべき理由として「少し前までは日本のGDPは韓国の5倍だったが今や、2・7倍しかない。1人当たりGDPはもう、ほとんど同じである」ことを理由に挙げたのである。

李明博政権以降の韓国の対日強気外交は、日本に経済力で負けていない、との自信に裏打ちされていることがこの発言からも明らかである。では、韓国が急速な少子高齢化により再び、GDPの総額や1人当たりGDPで日本に「負ける」状況に戻ったら、どうするのだろうか。韓国は日本以上に早い速度で少子高齢化が進み、GDPの稼ぎ手である生産年齢人口が減っていくのだ。

韓国経済の衰退は内政にも大きな影響を与えるだろう。第4章第1節で記した左右の党争は、いっそう激しくなるに違いない。これまでなら左右いずれが政権をとっても、国民をなだめるためのバラマキが可能だった。しかし、経済が縮めばそうはいかない。小さくなるパイをどう切り分けるか、という分配政策が焦点になる。

分配とは基本的に持てる者の資産をとりあげ、持たざる者に与える作業である。党争を続ける韓国の政界が、極めて困難な社会的な合意を作り上げることができるのだろうか。

韓国は経済、外交、内政とあらゆる面で岐路に立っているのだ。

# おわりに——韓国にも『三四郎』はあるのだが

　夏目漱石の『三四郎』の冒頭に、子供が読んだら相当な違和感を抱くくだりがある。主人公の三四郎が熊本の旧制高等学校を卒業し、東京帝国大学に入学するため東海道線に乗って浜松駅まで来た時のことだ。

　非常に美しい西洋人のカップルを見て劣等感を感じる。相席になった男も「ああ美しい」と言った後「御互は憐れだなあ」「こんな顔をして、こんなに弱っていては、いくら日露戦争に勝って、一等国になっても駄目ですね」などと言う。

　三四郎が「然しこれからは日本も段々発展するでしょう」と弁護すると、漱石の分身である「かの男」は澄まし顔で「亡びるね」と断じるのである。

　歴史を学んだ後に読むと、日清・日露戦争に勝っていい気になった日本が国の針路を誤って大戦争に突入し「亡びる」ことになると、漱石が予感していたのだと気づく。この小説が書かれたのは明治四十一年（1908年）だ。

「増長した日本」に危機感を抱いたのは漱石だけではない。エール大学教授だった朝河貫一も同じ年に『日本の禍機』を執筆し、日露戦争で勝った後の日本の強欲を世界は見抜いているぞ、と警告した。

「日本が戦前の公言は一時世を欺く偽善の言に過ぎずして、今はかえって満州および韓国において私意を逞しくせんとせるものなり、という見解においては万人一致し」（講談社学術文庫版、16―17ページ）と手厳しい。

日本に住んでいると日本を世界がどう見ているかが分からない。仮に分かっても、その像が厳しいものだとは言い出せない。「かの男」も「囚われちゃ駄目だ。いくら日本の為を思ったって贔屓の引倒しになるばかりだ」と諭した。そして三四郎は「熊本でこんなことを口に出せば、すぐ擲《な》ぐられる。わるくすると国賊取扱にされる」と思い、「熊本に居た時の自分は非常に卑怯であったと悟った」のである。

日本の「世界知らず」は大正時代の政党政治の発展とともに、収まったかに見えた。しかし、昭和に入って民主政治の仕組みが崩壊すると再び頭をもたげ、日本は自滅的な大戦争に向かったのである。

韓国でも『三四郎』を書く人はいる。例えば『米韓同盟消滅』でブログを紹介した無明氏やファンドビルダー氏だ。前者は日本に駐在した経験のある外交官OB、後者は日本で生活したことのあるジャーナリストと見られる。いずれも匿名なのは「国賊扱い」を避けるためであろう。彼らも韓国人の「世界知らず」を徹底的に非難する。民族主義に凝り固まって「反日」と「北朝鮮との連帯」に没頭し、米国との関係を大きく損ねてしまった。その結果、中国にずるずると引き寄せられているではないか——。

彼らは日本をよく知る。ソ連を仮想敵国としながら中国との泥沼の戦争にはまり、あげくの果ては米国と戦う羽目に陥った戦前の日本が念頭にあるに違いない。米国への反発から中朝とスクラムを組もうとする韓国の一部の志向を、日独伊三国同盟に重ね合わせてもいよう。そして「内戦」になぞらえられる激しい左右対立の中で、韓国でも民主政治の仕組みが壊れ始めた。

韓国の『三四郎』も国民を説得できるかは怪しい。民族主義が芽生えるのは、民族が危機に直面した時だ。ただ、危機を乗り越えたからといって収まるとは限らない。むしろ新たな自信に煽られ、民族主義が膨れ上がることが多い。

35年間の植民地と独立後の南北分裂、朝鮮戦争による貧困。韓国人は周辺国から一人前には扱われず、その劣等感は積もりに積もった。だが今や、旧・宗主国の日本を豊かさで越え、誰からも無視されない国になったと自信満々だ。せっかく描いた「世界に冠たる韓国」という自画像を壊す気にはならないのだ。韓国の気分は「日清・日露に勝った」直後なのである。

2022年5月

鈴置高史

鈴置高史　1954年生まれ。韓国観察者。日本経済新聞でソウル特派員、経済解説部長などを歴任。2002年度ボーン・上田記念国際記者賞を受賞。著書に『朝鮮半島201Z年』『米韓同盟消滅』など。

Ⓢ新潮新書

953

韓国民主政治《かんこくみんしゅせいじ》の自壊《じかい》

著　者　鈴置高史《すずおきたかぶみ》

2022年6月20日　発行

発行者　佐藤隆信

発行所　株式会社 新潮社

〒162-8711　東京都新宿区矢来町71番地
編集部(03)3266-5430　読者係(03)3266-5111
https://www.shinchosha.co.jp
装幀　新潮社装幀室
図表作成　クラップス
組版　新潮社デジタル編集支援室

印刷所　錦明印刷株式会社

製本所　錦明印刷株式会社



ISBN978-4-10-610953-9　C0222

Ⓢ新潮新書

785
米韓同盟消滅
鈴置高史

北朝鮮に宥和的な韓国の本音は「南北共同の核保有」に他ならない。米韓同盟は消滅し、韓国はやがて「中国の属国」になる——。朝鮮半島「先読みのプロ」が描く冷徹な現実。

945
核兵器について、本音で話そう
太田昌克　兼原信克
髙見澤將林　番匠幸一郎

日本を射程に収める核ミサイルは中朝露で計数千発。核に覆われた東アジアの現実に即した国家戦略を構想せよ！　核政策に深くコミットしてきた4人の専門家によるタブーなき論議。

913
決定版　大東亜戦争（上）
波多野澄雄　赤木完爾
川島　真　戸部良一
松元　崇

正しく「大東亜戦争」と呼称せよ——。当代最高の歴史家たちが集結、「あの戦争」の全貌を描き出す。二分冊の上巻では開戦後の戦略、米英ソ中など敵国の動向、戦時下の国民生活に迫る。

914
決定版　大東亜戦争（下）
戸部良一　赤木完爾
庄司潤一郎　川島　真
波多野澄雄　兼原信克

日増しに敗色が濃くなる中での戦争指導、終戦とその後の講和体制構築、総力戦の「遺産」と「歴史の教訓」までを詳述。当代最高の歴史家による「あの戦争」の研究、二分冊の下巻。

862
歴史の教訓
「失敗の本質」と国家戦略
兼原信克

なぜ戦前の日本は、大きな過ちを犯したのか。「官邸外交」の理論的主柱として知られた元外交官が、近代日本の来歴を独自の視点で振り返り、これからの国家戦略の全貌を示す。

Ⓢ新潮新書

934
官邸は今日も間違える
千正康裕

アベノマスクに一律給付金、接触アプリのトラブル。現場に混乱を生み、国民の信頼を損なう政策はなぜ生まれるのか。元厚労省キャリアがもつれた糸を解きほぐす。

933
ヒトの壁
養老孟司

コロナ禍、死の淵をのぞいた自身の心筋梗塞、愛猫まるの死――自らをヒトという生物であると実感した2年間の体験から導かれた思考とは。84歳の知性が考え抜いた、究極の人間論！

930
最強脳
『スマホ脳』ハンセン先生の特別授業
アンデシュ・ハンセン
久山葉子訳

コロナ禍で増えた運動不足、心に負荷を抱える子供たち――低下した成績や集中力、記憶力を取り戻すには？　教育大国スウェーデンで導入された、親子で読む「脳力強化バイブル」上陸。

927
中国「国恥地図」の謎を解く
譚璐美

中国が列強に奪われた領土、すなわち「中国の恥」を描いた「国恥地図」。実物を入手した筆者は、日本に繋がる不審な記述に気がついた。執念の調査で、領土的野望の起源が明らかに。

924
世界の知性が語る「特別な日本」
会田弘継

近現代日本は世界にとって如何なる存在だったのか。リー・クアンユー、李登輝、オルハン・パムクらにインタビューし、「日本の達成」に対する彼らの特別な思いに迫る。

新潮新書

922
# ビートルズ
北中正和

グループ解散から半世紀たっても、時代、世代を越えて支持され続けるビートルズ。音楽評論の第一人者が、彼ら自身と楽曲群の地理的、歴史的ルーツを探りながら、その秘密に迫る。

921
# アホか。
百田尚樹

政治家の呆れる言動、メディアの欺瞞から、犯罪者の奇想まで。想像の斜め上をいく出来事に、ベストセラー作家も思わずツッコまずにはいられない！　笑いと義憤に満ちた92のアホ事件簿。

920
# 甲子園は通過点です
勝利至上主義と決別した男たち
氏原英明

「メジャーリーグを目指しているので、頑張るのはこの試合じゃない」。球数制限、科学的トレーニング、丸坊主廃止など、将来を見据えて新たな取り組みを始めた当事者たちの姿を追う。

919
# 中国「見えない侵略」を可視化する
読売新聞取材班

「千人計画」の罠、留学生による知的財産収集――いま中国が狙うのが「軍事アレルギー」の根強い日本が持つ重要技術の数々だ。経済安全保障を揺るがす専制主義国家の脅威を、総力取材。

917
# 日本大空襲「実行犯」の告白
なぜ46万人は殺されたのか
鈴木冬悠人

第二次大戦末期。敗色濃厚の日本に対して、なぜ徹底的な爆撃がなされたのか。半世紀ぶりに発掘された米将校246人、300時間の肉声テープが語る「日本大空襲」の驚くべき真相。

Ⓢ新潮新書

912
# ビジネス戦略から読む美術史
西岡文彦

フェルメールの名画は「パン屋の看板」として描かれた⁉ 美術の歴史はイノベーションの宝庫だ。名作の背後にある「作為」を読み解けば、「目からウロコ」がボロボロ落ちる！

901
# 自衛隊最高幹部が語る令和の国防
岩田清文　武居智久
尾上定正　兼原信克

台湾有事は現実の懸念であり、尖閣諸島や沖縄も戦場になるかも知れない――。陸海空の自衛隊から「平成の名将」が集結、軍人の常識で語り尽くした「今そこにある危機」。

908
# 国家の尊厳
先崎彰容

暴力化する世界、揺らぐ自由と民主主義――日本が誇りある国として生き延びるために、国と個人はいったい何に価値を置くべきか。令和を代表する、堂々たる国家論の誕生！

903
# どうしても頑張れない人たち
ケーキの切れない非行少年たち2
宮口幸治

彼らはサボっているわけではない。頑張れないがゆえに、切実に助けを必要としているのだ。困っている人たちを適切な支援につなげるための知識とメソッドを、児童精神科医が説く。

898
# 中国が宇宙を支配する日
宇宙安保の現代史
青木節子

宇宙開発で米国を激しく追い上げる中国は、その実力を外交にも利用。多くの国が軍門に下る結果となっている。覇者・米国はどう迎え撃つのか？「宇宙安保」の最前線に迫る。